西方经济学圣经译丛（超值白金版）
晏智杰◎主编

England's Treasure by Foreign Trade

英国得自对外贸易的财富

[英]托马斯·孟◎著
李 琼◎译

华夏出版社
HUAXIA PUBLISHING HOUSE

图书在版编目（CIP）数据

英国得自对外贸易的财富 /（英）孟（Mun, T.）著；李琼译. —北京：华夏出版社，2013.7
（西方经济学圣经译丛：超值白金版）
ISBN 978-7-5080-7671-3

Ⅰ．①英… Ⅱ．①孟… ②李… Ⅲ．①重商主义 Ⅳ．①F091.31

中国版本图书馆 CIP 数据核字（2013）第 131609 号

英国得自对外贸易的财富

作　　者	［英］托马斯·孟
译　　者	李　琼
策划编辑	陈小兰
责任编辑	罗　云
出版发行	华夏出版社
经　　销	新华书店
印　　刷	北京世知印务有限公司
装　　订	三河市李旗庄少明印装厂
版　　次	2013 年 7 月北京第 1 版 2013 年 7 月北京第 1 次印刷
开　　本	880×1230　1/32 开
印　　张	4.75
字　　数	80 千字
定　　价	16.00 元

华夏出版社 地址：北京市东直门外香河园北里 4 号　邮编：100028
网址：www.hxph.com.cn　电话：（010）64663331（转）
若发现本版图书有印装质量问题，请与我社营销中心联系调换。

《西方经济学圣经译丛》序

翻译出版西方经济学名著,如以1882年上海美华书馆印行《富国策》[英国经济学家 H. 福西特(1833~1884)《政治经济学指南》(1863年)中译本]为开端,迄今为止已有一百多年历史。回顾这段不算很长然而曲折的历程,不难看出它同中国社会百多年来的巨大深刻的变迁密切相关,它在一定程度上是中国思想界特别是经济思想界潮流和走向的某种折射和反映。单就中华人民共和国成立以来对西方经济学名著的翻译出版来说,窃以为明显呈现出各有特点的两个阶段。改革开放以前几十年间,翻译出版西方经济学著作不仅数量较少,而且其宗旨在于提供批判的对象和资料。对于出现这种局面的不可避免发生及其长短是非,人们的看法和评价可能不尽一致,但此种局面不能再原封不动地维持下去已是大多数人的共识。改革开放以来,对西方经济学著作的翻译出版进入到一个新阶段,短短二十多年间,翻译出版数量之巨,品种之多,速度之快,影响之广,均前所未有,呈现出一派生机勃勃的繁荣景象。这是中国社会改革发展的需要,也是历史的进步,主流无疑是好的;但也难免有选材不够精当和译文质量欠佳之嫌。

华夏出版社推出这套新的《西方经济学圣经译丛》,可谓正逢其时。在全面建设小康社会的新时期,随着社会主义市场经济体制改革的深入,随着中国经济学队伍的建设和壮大,我们需要更多更准确更深入地了解西方经济学;而以往几十年翻译出版西方经济学所积累的经验教训,也正在变成宝贵的财富,使我们将翻译出版西方经济学名著这项事业,得以在过去已有成就的基础上,百尺竿头,更进一步。我们会以实践为标准,比以往更恰当地把握选材范围和对象,尽可能全面准确地反映西方经济学的优秀成果,将各历史时期最有代表性和影响力的著作纳入视野;我们对译文质量会以人所共知的"信、达、雅"相要求,尽力向读者推出上乘之译作。我们还会认真听取广大读者和学者的任何批评和建议,在分批推出过程中不断加以改进和提高。

在西方经济学迄今的发展中,涌现了数量不少的重要著作,其中亚当·斯密《国富论》(初版于1776年)、马歇尔《经济学原理》(初版于1890年)和凯恩斯《就业、利息和货币通论》(1936年),是公认的三部划时代著作。《国富论》为古典经济自由主义奠定了基础;《经济学原理》作为新古典经济学的代表作,为经济自由主义做了总结;《就业、利息和货币通论》则标志着经济自由主义的终结和现代国家干预主义的开端,故将它们同时首批推出。其他名著将陆续问世。

晏智杰
北京大学经济学院
2004 年 11 月 15 日

英国得自对外贸易的财富

或

对外贸易的余额是我国财富的衡量尺度

本书作者为托马斯·孟（伦敦商人）
本书由作者的儿子约翰·孟出版[①]

[①] 托马斯·孟在1621年出版了《论英国与东印度公司的贸易》一书，后来经作者本人的彻底修改，在他去世四十余年后，在得到查理二世的国务大臣亨利·贝内特的批准和认可后，由托马斯·孟的儿子约翰·孟以《英国得自对外贸易的财富》为书名于1664年出版。——译者注

献　给

尊敬的托马斯——南汉普顿伯爵，英国最珍贵的财富，新弗埃斯特最杰出的领导人，嘉德勋位（英国的最高勋位——译者注）的获得者，最尊贵的骑士，枢密院最可敬的大臣。

尊敬的阁下：

我将此书献给您。由于您的信任和国王陛下的资助，以及由于您对英王财富管理有方，使得王室财政收入的增加，才使本书最终得以出版。

本书十分荣幸地蒙您亲赐书名《英国得自对外贸易的财富》，其中论点还盼望您予以指点和赐教。该书作为家父的遗产由我继承，因此我将本书视为我最珍贵的财富之一呈献给阁下。

家父生前因其丰富阅历和对贸易的真知灼见在商界享有盛名，这无不显示了他对殿下的忠心和对国家的赤诚。拥有如此品德之人的言辞应是大有裨益的。

我将此书呈予阁下评阅，望不吝赐教。

您最忠实的仆人　约翰·孟

目　录

1895 年重印版说明

第 1 章　一个全才外贸商人所必须具备的知识和素质　1

第 2 章　使王国致富以及增加我国财富的手段　7

第 3 章　增加我国商品输出和减少对国外商品消费的特殊方式及手段　9

第 4 章　输出货币换回商品是增加我国财富的手段之一　19

第 5 章　对外贸易是提高我国土地价格的惟一手段　29

第 6 章　靠制定和颁布各种国内禁令的方法，西班牙并不能保证其财富不流入其他国家　33

第 7 章　对外贸易的各种收益　39

第 8 章　提高或贬低我国的币值，既不能增加本国的货币，也不能防止货币输出　43

第 9 章　准许外国货币以高于其实际价值的比率兑换我国货币并允许其在我国流通，不会使我国的财

富增加　49

第 10 章　颁布现金使用法令不能增加也无法保护我国的财富　53

第 11 章　勒令输出鱼、谷物或军火的商人将其所售贷款的部分或全部以货币的形式带回国，不会增加我国的财富　59

第 12 章　在国内或国外用汇票付款或收款时贬低我国的币值，不会减少我国的财富　61

第 13 章　专营货币兑换的商人不会增加或减少我国的财富　67

第 14 章　银行家和汇兑商人为国家做出的卓越贡献　69

第 15 章　论我国存在的一些浪费现象及问题，虽然这不会损害我国的贸易和财富　87

第 16 章　如何公正合理地增加王室收入　93

第 17 章　强大的国王是否必须积累财富　99

第 18 章　一个国王每年积累多少财富才是合适的　103

第 19 章　论源自自然财富和人为财富的不同后果　109

第 20 章　论获得作为财富衡量尺度的外贸差额的惯例与方法　127

第 21 章　上述关于金银输入与输出的论述所得出的结论　133

1895 年重印版说明

托马斯·孟,生于 1571 年,父亲约翰·孟是伦敦的棉织品商人,祖父也叫约翰·孟,是皇家铸币局局长。托马斯·孟参与了地中海贸易,并因此赢得了金钱和声誉。1615 年,他被选为东印度公司董事。由于对东印度公司该采取何种经营策略产生了分歧,托马斯发表了他对于贸易的观点和见解。为了对该公司开采贵金属的行为进行辩护,托马斯于 1621 年出版了《论英国对东印度的贸易》一书。该书的第二版于同一年发行,并在 1625 年由珀切斯的皮尔格瑞姆斯公司重印。在近一百年中,该书收录在政治经济俱乐部于 1856 年出版的《英国早期商业理论》系列中。托马斯的观点引起了极大反响,同时也引发了杰勒德·马利尼斯和爱德华·米塞尔登的长久争论(1622~1623)。1628 年,托马斯向下议院递交了《关于伦敦商人对东印度贸易的请求和抗议》(有关如何处理英国同荷兰的关系问题),该书于 1641 年翻印,

2 英国得自对外贸易的财富

其中大量的论述和观点也出现在托马斯随后出版的最负盛名的代表作中。在这之后,托马斯的事业继续蒸蒸日上,并在英国的肯特郡购置了几处房产,余生都生活在那里,于 1641 年去世。

托马斯·孟所著的《英国得自对外贸易的财富》一书大概完成于 1630 年,由他的儿子在 1664 年第一次出版发行,1669 年发行第二版,1698 年发行第三版,第四版收录在罗伯特 1700 年出版的《商业地图》中。第五版发行于 1713 年,当时英国正在对勃灵布洛克与法国达成商业条约的提议展开了激烈的讨论。第六版于 1755 年由格拉斯高的弗立斯出版发行。最近的一版因亚当·斯密而著名。《英国得自对外贸易的财富》也同样收录于先前提到的《英国早期商业理论》中。

所有能够找到的传记和自传的内容收录在 A. L. 哈迪先生的《全国自传词典》(第 39 页,1894)中,上述介绍也来源于此。

对于今天的读者来说,主要是从亚当·斯密的论述(《国富论》,下卷,第四篇,第 1 章)中了解托马斯的观点,以及斯密对他的评价:"托马斯·孟的《英国得自对外贸易的财富》一书,不仅成为英格兰而且成为其他一切商业国家政治经济学的基本准则。"① 亚当·安德森在其 1764 年出版的《商业起源》中提到,《英国得自对外贸易的财富》是一本"明智的""有价值的著作",它"清楚地表明只有外贸顺差才能增加或是保持我们已有的财富"。这些赞扬在大卫·麦克弗森 1805 年出版的《商业史》中再次出现。无论经济理论发展史中对《英国得自对外贸易的财富》给予的重视正确与否,现今的三位学者对此书的评价足以说明它的重要性。麦克库洛赫在其 1845 年出版的《政治经济学原理》中提到,托马斯·孟被认为是贸易政策中重商主义政策的创始人。哈莱姆在 1847 年出版的《欧洲文献》第三版中评价说:"孟被公认为是重商主义的鼻祖。"理查德·琼斯在 1847 年出版的《英国早期政治经济学回顾》和 1859 年出版的《文献回顾》中声称:"(托马斯·孟的)书是金融和贸易政策的福音书。"

本书根据《英国得自对外贸易的财富》第一版的 1765 年的复制本重印,该复制本是由哈佛大学提供的。在哈佛大学旧图书馆失火被烧毁后,马勃海德的约翰·勃纳德神父出资让哈佛大学于 1765 年复制了《英国得自

---

① 该段话的中译文见亚当·斯密的《国富论》,下卷,第 6~7 页,商务印书馆,1974 年出版。——译者注

对外贸易的财富》一书的第一版。有趣的是，在约翰神父的自传中（参见1836年的《马萨诸塞州社会历史文集》第三卷）我们能够发现，他完全赞同托马斯·孟的基本观点。他对自己为马勃海德的商业企业的发展所起的推动作用非常自豪，他回忆道："1714年，当我来到这里的时候，他们请乡下的工人替他们建造房屋，衣服也送到城外去做，从波士顿送来猪肉和牛肉，这些使得城镇的财富大量流出。"

哥伦比亚大学的塞里格曼教授提供了本书原稿中一些遗失的片断。在其中一页结尾的空白处写着这样一段奇怪的备忘录：

1664年7月10日

今日应归还去年从温斯顿·邱吉尔先生处借的六英镑。

约翰·邱吉尔

（我们猜测）借钱者很可能是约翰·邱吉尔，他是著名的法官，后来成为英国上诉法院保管案卷的法官。他是温斯顿·邱吉尔即马奥勃拉夫公爵的父亲的表兄弟。

在目前的版本中，原始的扉页已经被重新复制，除了特别制造的铅字和纸张以外,我们尽可能地保存了信以及他儿子的致词的原样。全书中的拼写和标点也保持了原样。

英国得自对外贸易的财富，或对外贸易的余额是我国财富的衡量尺度

  我的儿子，在上一次的谈话中，我以我一贯说话简练的风格，想尽力让你明白两件事：第一件事是虔诚，如何虔诚地敬畏上帝，并按照上帝的话和要求去做；第二件事是政治，如何热爱我们的国家以及为国家做贡献，并在你日常工作和职责中加以贯彻和执行。换言之，对有的事情你需要刻意维持现状，但对另外一些事情通过扩张同样可以达到效果。因此，现在我要对你谈谈货币的问题，说一说使货币得以保存下来的各种方法，从而达到我们想要的满意结果。我打算按这样的顺序说明这个事情，首先，说明使王国富裕的一般方法和手段，然后再告诉你使王国财富增加的特殊方式。但最为重要的是我对商人的看法，因为他们是增加我国财富的主要力量。

第1章　一个全才外贸商人所必须具备的知识和素质

如果你要表达你对国家的热爱和效忠精神，与其花心思去观察和了解他人的职责与表现，还不如熟练地完成自己的本职工作。因此，我的儿子，现在我要对你说一些商人的事情，我希望你将来也成为一名商人。虽然我把商人置于这么高的社会地位并给予很高的评价，却并没有丝毫的私心和野心。因为商人在与他国贸易中的所作所为，可以当之无愧地被称之为*王国财富的管家*。这项应以极大的技巧和责任心才能完成好的工作，可以使你获得巨大声名，更确切地说，会获得他人对你的*信任*，因此，个人利益和公共利益会相伴而生。由于这种职业带给人的荣誉感，可以更好地激发人们的工作热情，鼓励人们更加努力地改进技能以提高工作效率，为此，下面我将简要列出一个全才商人所必须具备的优秀品质。

1. 他应该擅长书法、算术和会计，只有这样，才能使用仅在商人中采用的高贵的复式簿记法；他还应该熟悉以下业务的规则和形式：租船合约、提货单、发票、契约、汇票和保险单。

2. 他应该熟悉所有外国特别是与我国有贸易关系的国家的度量衡和货币。对于货币，不但要知道它们各自有多少种不同的面值，还要知道其重量和成色。只有这样，他才能比较并计算出与我国货币的合理币值，也只有这样，他才能完全尽到一个商人的职责并完成自己的事务。

3. 他应该知道他的商品向外国输出或输入时应向该国缴纳的关税、通行税、一般税种、各种课征费用或其他费用。

4. 他应该知道每个国家哪些商品有富余，哪些商品短缺，还有这些商品的供给情况，即它们在何时以何种方式进入该国。

5. 他应该了解并密切关注货款或汇票从一个国家汇至另一个国家的兑换比率，这样他才能更好地处理事务，并以尽可能有利的汇率将货款汇回本国。

6. 他应该知道什么商品在哪些国家是禁止出口或进口的，否则在工作中就会遇到巨大的风险和损失。

7. 他应该知道他的船只装运货物的价格和条件，并为这些往来于各国之间的货物和船只办理保险。他还应该熟知海内外保险机构的法律、规章和惯例，一旦他的船只、货物或二者同时遭遇到风险和不测时，这些知识可以使他的损失降到最低。

8. 他应该是船只建造和修理方面的行家。也就是说，熟知建造和修理船只所需主材的品质和价格，以及造船工艺的好坏。当然，他也应该知道桅杆、滑轮、绳索、火炮、食物、军火及其他各种材料的品质和价格。同时他还应该知晓船长、高级船员和水手们的一般工资水平。因为上述所有方面都关系到身为船主的商人的利益。

9. 对于一切商品和货物，他如果不具备完全的知识，起码也应该具备基本的常识（因为有时他会卖出一种商品，有时他又要买进另一种商品），以使自己看上去像是个各行各业的行家。

10. 通过亲自出海航行，他应该使自己精通航海技巧。

11. 作为一个旅行者，有时又经常住在海外，他应该能说几国外语，对于外国王公贵族们的日常收入与支出，外国陆军和海军的军事实力，外国的法律、习俗、政策、礼仪、宗教、艺术，等等，都应该具有敏锐的洞察力。而且，从国家利益出发，他也应该将这些问题随时向国家报告。

12. 最后，虽然作为商人并不要求你一定是个大学者，但你至少在青年时期要学会拉丁语，这会使你终生受益。

我已经简要地向你描述了我心目中理想的商人所应该具备的品质和能力。商人的确是需要具备如此种类繁多的知识的，再没有任何其他的职业比它需要得更多了。不可否认的是，在威尼斯、路加、热那亚、佛罗伦萨、低地地区（指尼德兰地区——译者注）和其他一些基督教的国家和地区，商人们表现出了他们优秀的才干。即便是在那些最不重视商业的国家里，商人们的知识和技能也常常被最高当权者所借重。因此，那些拒绝接受商人们的意见和建议（甚至是印在书上的）的人，他们的所作所为就不仅仅是粗暴的了。因为正是他们使得商人们在对这些国家致富或致贫方面爱莫能助。而事实却正像我在下文中将要说明的那样，商人们的贸易技巧是可以帮助他们解决这些问题的。诚然，在英国，商人们觉得他们从事这一行所受到的激励比其他国家少一些，且他们也没有得到与他们高尚职业相应的尊重。正是由于这个缘故，商人们对他们的职业没有竭尽全力，其成就自然就大打折扣。这样，这个国家里的贵族也就不会像其他国家的贵族那样，为求财富的大大增加，为了家族名声和地位的维持，从而父子相承、世代相承地从事一项职业。因为，即便是最富有的商人一旦故去，关于他的记忆便很快就会消失，因此他的因继承遗产而成为富翁的儿子，自然会看不起他的父亲的职业，认为就是做一个大手大脚花钱的绅士（虽然只不过是个虚名），也比子承父业做个勤勤恳恳的商人更能光宗耀祖。现在，让我们先把对商人的称赞按下不表，接下来说一说商人的实际工作，至少要说一说他可以为王国带来财富的那一部分工作的内容。

第 2 章　使王国致富以及增加我国财富的手段

虽然我国的财力可以因为来自他国的礼物和所购买的外国商品而增加，但我们无法确定这些事情会何时发生，更何况它们所占的分量也无足轻重。因此，增加我国财富的基本手段是依靠*对外贸易*。无论何时我们都要牢记下面这一准则：我们每年卖给外国人的货物的价值要大于我们所消费的外国商品的价值。就拿我国的情况来做例子吧：在王国里，布料、铅、锡、铁、鱼类和其他一些本国商品的供给是比较充足的，每年有二百二十万英镑的剩余物品可以出口销往海外，这意味着我们可以从海外购进价值二百万英镑的货物供国内消费和使用。只要我国在贸易上遵循这一原则，就可以使国家的财富每年稳获二十万英镑的增加，而且这些财富是以金币和银币的形式带回国内的。因为我国所出口的货物里有一部分没有用于换回他国商品，那么就一定会以金属货币的形式被带回国内。

在这种情况下，国家的财富所发生的一切和个人的私产所发生的情况完全一样：假如一个人每年有一千英镑的收益，而且钱柜里还存着两千英镑，但如果这个人花钱大手大脚，每年要用掉一千五百英镑，那么他所有的钱四年里就将都花完。如果在完全相同的时间里他厉行着节约的原则，每年只花五百英镑，那么他的存款就会翻番。这一准则用之于国家也是屡试不爽。稍后我要说到的是，一般（不太重要的）情况下，应由什么样的人和什么样的方法来计算我国每年的外贸差额，这样就可以使政府随时随地知道外贸的盈亏状况。但这里我要先说一下增加出口和减少进口的方法和手段。然后我会举出一些正面和反面的例证来加强我的论点的说服力，这样我就可以向你们证明：其他的那些通常被认为会使我国财富增加的方法其实根本没用，只不过是一些无稽之谈和谬论。

第3章 增加我国商品输出和减少对国外商品消费的特殊方式及手段

一个国家可以用于交换外国商品并获取收益的东西有两种：*自然财富和人为财富*。所谓自然财富，就是我们从日常生活用品和必需品的消费中节省下来出口到外国去的物品。人为财富是由我国的作坊和工厂里生产出来可用于外贸的商品。凡是有助于我们将要分析的问题的，下面我都会逐一阐述。

1. 首先，虽然我国的自然条件得天独厚，但还是应该在保持已有耕地收益的情况下，开垦那些（无边无际的）荒地。这样，我们既可以自行供应原本需要进口的苎麻、亚麻、绳索、烟草，而且还可以通过限制这些货物的进口来减少我国的损失。

2. 如果我们能在日常生活中厉行节约，在饮食和服饰上不过多地消费外国商品,这样我国的进口就同样可以减少。现在我们在饮食和穿着方面太过于时尚了,而时尚又是如此多变,从而导致了浪费和奢侈的盛行,且现在这种风气比以前更甚了。其实通过执行一些严格限制浪费的法律,这种风气就可以很容易地纠正过来。在其他一些国家就实行过严格限制浪费的良好法律,通过鼓励国民使用本国出产的物品,不用禁令就成功地阻止了外国商品的进口,防止了由于进口外国商品而对本国产品形成的冲击。

3. 在出口货物时,我们不仅要看本国有什么富余的产品可供出口,还要考虑什么东西是邻国所必需的。有些货物,即便邻国不需要,但是除了我国别的地方生产不了,这样的货物我国也应该尽可能多地加工和生产(除了出售原料之外)以获得利益。而且,出售这些商品时,在不影响销量的情况下,可以尽最大可能地提高售价。但对于那些我国可供出口的富余产品而言,也许其他国家也能生产并同样出口,或者从其他地方又能买到与此相类似的产品。在这种情形之下,我国出售货物时的价格必须尽可能地低,否则销量就可能会下降。从我国近几年的成功经验来看,正是依靠低廉的价格,我国的纺织品在土耳其市场上的销售额大大增加,而威尼斯人的纺织品的销售在那里却遇到了极大的困难。因为与

第3章 增加我国商品输出和减少对国外商品消费的特殊方式及手段

我国的货物相比,他们的东西卖得太贵了。另一方面,几年前由于羊毛价格上涨导致我国毛织品的出口价格大大提高,结果我国几乎损失了一半的海外市场。好在后来羊毛和布匹的价格又下降到了原来水平,纺织品的销售才又重新回复到与过去水平(大体接近的)的程度。我们发现,这些年纺织品和其他一些货物价格下降了百分之二十五,私人因此损失很大,但国家却因为出口量上涨了百分之五十以上而收益颇丰。因为当我国的纺织品涨价时,别的国家就会自己生产这种产品;而且我们也知道,它们既不缺乏生产的技艺也不缺乏原料。因此,当我国的产品降价时,就可以将它们从这一行当中赶出去;但只要一涨价,它们又会重新杀回来。这几次反反复复的经验告诉我们,不管外部环境条件如何都能从货物出售中获取更多的收益的想法是多么不切实际。与其这样,不如把时间和精力放在产品的加工和制造上,通过对物品的精工细作,使其在市场上获得更高的认可度和更多的使用量。

4. 如果我国出口的商品是用本国的船只来运输的话,那么我国从出口中得到的收益会大大增加。因为用本国船只运送商品到海外,不仅物品可以卖价比国内高,而且在商人获得更高利润的同时,还可以挣得运费和保险费。举个例子来说,如果意大利商人乘坐他们自己国家的船只来我国购买谷物、红鲱鱼或者其他物品，那么在我国，一夸特小麦通常卖二十五先令，一桶红鲱鱼卖二十先令；同样，如果我国将这些东西运到意大利去卖的话，按现有的汇率计算下来，一夸特小麦可以卖五十先令，一桶红鲱鱼卖四十先令。你可以看到，这两种情形下的销售额有多大的不同。所以，我国真的应该让外国商人按照他们的意愿在我国自由地进口或出口商品。但遗憾的是，我国的许多地方食物和军火的出口不是被禁止，就是受到严格的限制，只允许在这些物品供应充足的地区由商人和船只来经营此项业务。

5. 如果我国国民在自然财富的使用上有所节俭，同样可以大大增加我国每年出口到海外的货物总量。如果我们想让自己的日常穿着讲究一点，那也不妨，只要用本国的材料和制成品就可以，比如国内出产的布料、花边、刺绣、抽纱刺绣等诸如此类的东西。因此，有钱人的奢侈和浪费可以给穷人创造许多工作的机会。当然，这样的劳动如果不是用于本国消费，而是替外国人加工制造产品的话，那么我国的收益会更大一些。

6. 在英格兰、苏格兰和爱尔兰的皇家领海里作业的渔业，它们生产的是自然财富，而且除了劳力之外，没有任何其他成本。荷兰人非常热衷于这一行当，他们卖鱼给许多基督教地区，每年都获得非常丰厚的利润。他

第3章　增加我国商品输出和减少对国外商品消费的特殊方式及手段

们用卖鱼的收入换回他们所需的外国商品和金银币。除此之外，还因此拥有了大批的水手和大量的船只。这样一个重要的行当所需要的专门经营管理的方法，要花很长时间才能讲清楚。我们在新英格兰、弗吉尼亚、格陵兰、萨默尔群岛和纽芬兰的渔场，也具有相类似的性质，它们既可以为大量的穷人提供财富和工作的机会，还可以使我国正在衰退的贸易得以恢复并增长。

7. 设立专门储藏进口外国谷物、靛青、香料、生丝、棉花或其他任何进口货物的货仓或贸易中心，然后再将这些货物卖给其他那些需要它们的国家，可以使我国的航运业、贸易、金银和关税收入增加。威尼斯、热那亚、低地国家等正是主要依靠这种方法提高了国家的地位。英国如果也打算这么做的话，是有着得天独厚的地理位置优势的，惟一所需要做的就是勤奋加努力。

8. 还应该重点扶持我国的远地贸易。把我国的货物运到遥远的地方去卖，再把那里的货物贩运回来，这样不仅可以扩大我国的航海运输业规模，增加海员数量，而且由于距离遥远，货物的卖价肯定高于周边地区，利润自然也丰厚了不少。举例来说吧，假如一磅胡椒在某地的售价一般是两先令，如果商人是从阿姆斯特丹的荷兰人那里进的该货，那里的价格便可能是一磅二十便士，如果善于讲价，价格可能还更便宜，你可以算出来商人能从中赚不少钱；但是如果不是从阿姆斯特丹而是从东印度购进的话，一磅胡椒最多只需付三便士。与东印度的这种贸易不仅利润丰厚，而且还可以在满足本国的消费需要的同时，每年将一大部分以很高的价格运到海外去销售。因此，这已经是一个不争的事实：我国在印度的这些商品上所获得的财富，要大于那些出产和本来应该拥有它的国家与人民。因为这原本是他们国家的自然财富。但是为了能更好地理解这一点，我们必须把国家的利益和商人的利润区分清楚。虽然国家为胡椒所支付的价格并没有高于前面所说的价格，而且国家对其他任何来自国外的商品所支付的价格，也不会高于我们将它卖到外国时的价格，但是商人们所付出的就不仅是货物价款了，他们还需支付运费、保险费、关税以及货物遥远运输过程中的其他所有开销。但是从王国总账的角度看，这些不过是我国国内的账务往来，国家的财物并无任何损失。同时，我们还应该重视其他一些对我们有利的贸易，如与意大利、法兰西、土耳其和东方一些国家的贸易和航运就属于此类：靠着优越的地理位置和航海条件，我们每年都从东印度购进商品，然后再运到那些国家卖个好价钱。这是一项伟大而崇高的事业，它值得我们鼓起勇气并竭尽全力去保持和扩张。因为它与公众财富、国家实力和人民幸福有着密切的联系。与勤奋努

第3章　增加我国商品输出和减少对国外商品消费的特殊方式及手段

力增加生产本国产品从而致富相比，依靠其他国家的货物使自己富裕起来，并不是什么不光彩或不公正的事情，特别是当前者能增进后者的利益的时候，正如我国在与东印度的贸易中所发现的那样：由于锡、纺织品、铅和其他商品的销售的大量增加，在一些原本并不使用我国物品的国家现在的销售量也在日趋增长。

9. 与出口商品一样，用于贸易的货币出口也是非常有利的，它可以增加我国的财富。关于这一点，我会在下一章给予详尽证明。

10. 用来自外国的原料制成的工业品，如天鹅绒、各种丝线刺绣品、粗斜纹布、捻丝等诸如此类的商品，如果国家对其免征关税，是十分明智和有利的行为。因为它可以使很多穷人得到就业机会，还可以大大增加我国每年卖到国外的货物的价值。为了这个目的，我们会因此进口更多的外国原材料，从而带给国王陛下更多的关税收入。我记得在我们这里，仅仅对外国生丝进行绕丝和搓丝这一行业就取得了令人瞩目的成就。据我所知，在过去的三十五年里，伦敦市区和郊区的雇工人数从未超过300人，但是现在，据国王陛下的贸易委员会对该行业进行认真细致的调查后呈交的报告显示，目前该行业的雇工人数已达一万四千人以上。而且，可以肯定的是，如果上面所说的这些商品从国内出口时免征关税的话，那么，我国的制造业还会大大增长，意大利和尼德兰的制造业则很快会衰退。但是如果有人提到荷兰的格言：“*活着，让别人也活下去！*”那么我会这样回答他：荷兰人早已将这一格言抛到九霄云外去了。他们不仅在这些国家里蚕食我们的生意，而且还在（他们势力控制下的）其他国家里，阻碍和毁灭我们的贸易，不让我们以合法的手段谋生，从我们的嘴里夺走面包。对此，我们绝不能一味地忍耐和迁就。遗憾的是，近年来我们中许多人就是这么做的，它会使我们伟大的国家受到巨大的伤害，是对国家荣誉的侮辱。我们应该学习祖先的精神，采取有理有利的方式使祖先的美名得以恢复和光大，以荣耀我主。

11. 对本土商品不要征收过多的关税也是必要的，以免外国人觉得它们价格过高从而减少使用量，这会妨碍出口销售。尤其是那些输入后又要输出的外国商品，更应该给予优惠，否则的话，这种（可以极大增进公共财富）贸易不仅不能繁荣，甚至还可能无法生存下去。但是，这种外国货物如果是在王国内被消费，就应该多征税，这样会有利于我国获取*外贸余额*，英王也可以每年从王室收入中积累更多的财富。由于这一点比较特殊和重要，我会在后面某个合适的地方给予详尽的解释，说明国王如何才能做到既不损害臣民的利益，自己又可以

第3章 增加我国商品输出和减少对国外商品消费的特殊方式及手段

积累大量金钱。

12. 最后，对于一切事物，无论是*自然财富*还是*人为财富*，我们都应竭尽所能做到最好。而且，由于靠手艺生活的"种树人"要远远多于"摘桃子的聪明人"，我们应该精心呵护他们的工作热情，使他们勤奋努力地工作。因为他们是国王和国家财富与力量的最大源泉。哪里工匠众多，工艺精湛，哪里就必然商业繁荣和昌盛。意大利就雇用了大量的工人，对西西里亚出产的生丝进行纺织加工，这些人给国家赚取了大量金钱。相比之下，西班牙国王和他的臣民从这一奢侈品中获得的利益就少得多。当我们已经知道我国的自然财富所产生的利润低于加工制成品时，还需要再举其他更多的例子吗？矿井里铁砂的价值的确不大，但试想一下，如果经过如下程序——采掘、熔炼、运输、买进、卖出、铸成大炮、步枪和其他在战争中进行进攻和防御的武器，或制成铁锚、螺栓、大铁钉、小铁钉和其他类似的产品用于船只、房屋、二轮马车、四轮马车、犁和其他农具的制造，由此所创造的工作机会和产生的利润还能少吗？将羊毛的价值与呢绒相比，呢绒的制成需要剪毛、清洗、梳毛、纺纱、织布、漂洗、染色、整理以及其他工序，我们就会发现技艺带来的利润的确比自然财富多。我还可以举出其他更多的例证，但那样的话就显得太啰唆了，如果对每一个例子都得给出详尽的解释和叙述,光这些内容就够写一大本书了。我在这里的全部希望,只不过是用简单明了的方式证明我所提出的论点而已。

第 4 章　输出货币换回商品是增加我国财富的手段之一

这一主张与人们通常的想法是如此对立，因此我必须提供许多强有力的论据，公众才有可能接受它。因为每当有货币被带出英国时，无论数量多少都会有人抱怨，并认定这绝对会使我国损失大量的财富，认定这是一个直接违反了国会制定并批准的集中体现我国智慧和悠远历史的法律的行为。而且，在其他的许多地方，甚至是盛产金银的西班牙，除了某些特殊的情形之外，一般情况下它们也是禁止货币输出的。对于所有这些看法，我的回答或许会是这样：威尼斯、佛罗伦萨、热那亚、低地国家及所属地区，都允许输出金银。那里的人民都赞成这样的政策，因为他们发现依靠这一政策可以获得巨大的利益。关于这一点，光是瞎吵吵却拿不出像样的证据来说服人，是没有任何作用的。因此，在这里，我要提出一系列的理由来支持我们所要探讨的论点。

首先，我要理所当然地认为没有任何人会否认我下述的见解：除了对外贸易，没有任何其他的手段可以增加我国的金银总量。因为我国没有出产金银的矿藏。前面我已经叙述了通过对外贸易如何可以获取金银，方法其实就是：使我国每年出口的商品的价值大于我国消费外国商品的价值所产生的余额。因此，在这里我们只需解释一个问题：如何将金钱加在商品上面，通过出口为我国赚回更多的金银和财富。

前面我们曾经假定我国每年消费的外国商品的价值是两百万英镑，并假定我国每年的出口额都在两百万英镑以上，由此所产生的外贸差额或余额肯定会以金银的形式带回国，这样账目才能平衡。但是，现在假如我国在原来的商品出口规模上再加上三十万英镑的金银货币，虽然我们仍将带回比以前多的现款，但恐怕（有人依旧会说）这样做有什么好处呢？因为我们之前已经输出了相同数额的货币。

对于这一问题我的回答是：当我们已经准备好了要输出的商品，并且把我们所能节省下来的或卖得出去的货物也一并运送到国外去。当我们并不因此就以为：只要在所输出的货物上加上一定数量的货币，就可以直接为我国带回更多的货币。我们先用多带出去的货币买回更多的外国商品，然后我们再在适当的时候将这些物品运至他国贩卖，这样才能大大增多我国的货币。

虽然从这一角度来看，我国每年的进口额是增加了，可它维持了航运业的扩张，也雇用了更多的水手，而且国王陛下有了更高的关税收入和其他收益；再说我国消费的外国商品与以前相比也并没有增加。因此，那些用多输出的货币所买回来的外国货最终还是出口到了国外，而且是被我国以比购进时高得多的价格或价值卖出去的。下面我举三个例子来证明我的论点。

1. 假设我国用自己的船将价值十万英镑的金银输出到东方国家，准备用它在那里购买十万夸特的小麦再运回英国先储存起来，寻找最佳时机再将它卖给西班牙或意大利。那时，这些小麦售出后所得到的货款决不会少于二十万英镑，它不仅可以使商人们赚到钱，而且按这个方法计算，我们国家的财富也增加了一倍。

2. 如果我国的贸易交易对象都是远地国家，上述贸易带给我国的利润会丰厚得多。比如，我国输出十万英镑的货币到东印度群岛去购买那里的胡椒，然后运回英国后再在合适的时候卖到意大利或土耳其去，这些东西在那些地方至少可以卖到七十万英镑；再加上商人们在这种远距离贸易中所发生的其他开支，比如运费、工钱、伙食费、保险费、利息、关税、各种国内税费和其他花费，这些都构成了国王和国家的收入。

3. 可如果我国进行的是近地贸易，交易的货物价格又高昂，那对航运的需求量就不大，利润也就少得多。比如，我国还是输出十万英镑的货币，这次是去土耳其购买生丝，同样先运回国，然后再等到价格合适时再卖给法国、低地国家或德国，在那些地方一共可以卖到十五万英镑。这对商人们来说也是个不错的生意，赚的钱不算少。因为以这些买卖的*平均数*来说，货币输出带给我们的利润超过了三倍。但如果有人还是反对，认为我们所谓的回报不过是些外国货，并不是真正的金银，那该怎么办呢？

对此我（基于我前面所说的第一点）会这样回答：假定每年我国对外国商品的消费量不超过前面假设的数量，以货币输出的方式来进行贸易会使原本衰退了的出口又重新获得增长，那么，由此所产生的贸易顺差或差额，或以金银的形态流回英国，或以货物的形态回到英国，但这些货物最终一定会再出口到外国去的。因此，正如前面所说的那样，这些再出口的货物是增加我国财富或金银的一个重要手段。

因为国家对待财物的态度与私人对待其财产的态度并无区别，均不会因害怕风险而不敢拿出货币来进行贸

第4章 输出货币换回商品是增加我国财富的手段之一

易（因为那样是不近情理的）。他们会把钱拿出来换成商品，因为这可以增多他们的金银；通过这种不间断和有规律的以钱换物，再以物换钱的钱物之间的形态变换，他们的钱袋会越来越鼓。如果乐意的话，他们会把全部的财产都变成金银，因为有货物的人是不会缺钱的。

货币是贸易的生命，这种说法同样是不对的，似乎没有货币贸易就无法生存。因为我们知道，在世界上金银还十分稀少的时候，就已经有大规模的商品交换和易货贸易了。意大利人和其他国家的人早就找到了解决货币缺乏问题的办法，他们不希望他们的生意会被耽误或衰退，因此他们使用转账的办法，开设了公营和私人银行，只要写几个字，每天都可以轻松自如地把一大笔钱从这个人的名下转到另一个人的名下。与此同时，这种以信用信托关系为基础的方式所积存下来的大量金钱，可以用来购买用作对外贸易的货物。依靠上述方式，这些国家在日常生活中只需使用极少数量的货币。因此，对英国而言，要做的不是把金银留在英国，而是要通过快速和广泛的对外贸易，即使外国人需要我国的商品得到出口并扩大，也使国内对外国商品的全部消费需求都得到满足。假如我们以前没有钱，现在通过对外贸易赚了一点钱，但这些钱我们只想让它留在英国，这样能使其他国家花更多的钱来购买我国的商品吗？在这种情况下我们还能说我国的外贸有了迅猛的增长吗？不，不会有这种好结果的。随着时间的推移，最终的结果很可能与我们的期望正好相反。因为所有的人都不得不承认这一点：大量金银留在国内只会使本国商品变得更加昂贵，对于某些个人来说，他可能因此获益，可是从贸易的角度来说，这种情况会直接损害国家的利益。因为过多的货币会使商品涨价，从而使人们减少对它的消费和使用，我们在上一章里详细分析过的纺织品的例子就属这种情况。这件事给一些国内的大地主们上了很好的一课，只不过学费太高了。但我认为真正重要的是，所有的人都应该从这件事中吸取教训，以免等我们通过贸易赚了一点钱时又赶紧存起来，如果不把这些钱用于对外贸易，迟早会失去这笔钱的。我记得意大利有一个（著名的）王公斐迪南一世，伟大的托斯卡涅公爵，他拥有大量的金银财宝。即便如此，他还是把大量的金钱以极低的利率借给商人，以此来扩大对外贸易。本人就曾经向大公借了一万英镑使用了一年，虽然知道这钱到了我的手里会成为"下金蛋的鸡"，但大公还是*没有向我收取一分钱的利息*。因为大公明白，我会用这笔钱到土耳其去采购大公属地所需的物品，虽然这个生意可以让我大赚一笔（或者按照古人的说法，叼回一只肥鸭），但他的国家也会因此受益。这位高贵而勤勉的大公细心照料他的臣民，对商人实行鼓励和优惠政策，贸易因此在他的国家得以增长。结果是，在大公的领地里，几乎所有的贵族或绅士都经商，他们或单干，或与他人合伙做生意，贸易在这三十年里得到迅猛发展，使得像莱霍恩这样贫困的小镇（据本人所知）也因为贸易的极大扩张一跃而成为美丽富强的城市，成为基督教国家中最著名的贸易都市之一。而且，更值得我们关注的是，从英国、低地国家和其他地方来的大量船只和货物，在这里除了金银之外几乎什么货物也换不到，而金银在这里是自由进出的。伟大的托斯卡涅公爵对他的臣民说，这种做法带给他们的好处远远超乎他们的想象。那些从邻国来的商人们在这里川流不息，在使这里的人们富裕起来的同时，还给他们提供了充足的货币，而且外国商人带来的各式各样的外国货，也使他们的日常生活需求得到很好的满足。因此，现在你该明白了，商品的流动从表面上看会带走财富，实际上它是一条流动的溪流，一条会给你带回更多金银的溪流。

还有一两个像其他缺乏说服力的反对意见一样的说法，那就是：如果我国用金银进行贸易，那我国的出口就会因此而减少。这种观点就仿佛是一个人说这样的话：那些以前消费我国的纺织品、铅、锡、铁、鱼类和其他商品的国家，会以使用我国的金银的方式来代替对我国货物的使用。这种说法是极为愚蠢和荒谬的。因为这等于是说，商人宁肯输出不会给他们带来任何收益的货币，也不愿经营能挣钱的商品出口贸易。

与此相反，用货币来进行贸易使我国从许多国家中获取了丰厚的收益，那些国家原本是不会与我国发生贸易关系的，因为它们并不需要我国的产品。东印度群岛就是一个例子，贸易伊始时，东印度群岛并不需要我们的货物，但由于我们在商业上的勤奋经营，现在这些国家已经大量使用我国的铅、纺织品、锡和其他商品，使我国的商品出口较以前有很大的增长。

再有，有人会宣称，之所以有的国家允许货币输出，是因为它们只有少得可怜的商品可供贸易，甚至没有任何可以出口的商品。但我国的情况则跟它们大大不同，我国有很大的商品储备，所以不用向它们学。

对此我将简要回答如下：既然我国拥有如此充足的商品供应，已经完全不需要进口外国货了，那为什么还要怀疑我在前面分析的那个论点呢？我国在贸易时输出的货币，最后一定会流回到英国，而且是数量更多的金银。另一方面，如果那些允许货币自由进出的国家是因为本国缺乏可用于贸易的物品才这么做的，那么，那些国家是怎么获得那么多的财富的呢？它们怎么得到的那些财富，以至于像我们看见的那样，任何人在任何时候都可以自由输出货币？我会告诉他：*用金银来经营贸易就行*。除此之外，没有其他任何途径能让它们拥有如此众多的财富。因为这些国家并没有金矿或银矿。

　　因此，我们可以清楚地看到，只有当我们以这样一项重要的事业的最终结果来判断其价值时，因为所有的人类活动都应该被认真估量和仔细权衡，我们就会发现大多数人目下的所作所为却恰恰相反。他们只对事物的开始感兴趣，这误导了他们的判断力，导致了他们犯错。因为如果我们只关注农夫在播种时期的工作，当我们看见他把那么多饱满的谷粒抛撒到田里时，我们肯定会说他是一个疯子而不是一个农夫；但是，当我们以收成农夫劳动的最终果实来考察他的劳动付出时，我们就会发现播种是一件多么有价值和意义的事。

第 5 章　对外贸易是提高我国土地价格的惟一手段

　　常言道，货币的多寡决定物价的高低。前面我已经阐明，我们在对外贸易中到底是获得货币或失去货币，这完全取决于我们在对外贸易中是顺差还是逆差。现在我要说的问题是，我们要区分清楚货币表面上的充足和实际可用于增加国家的货币。因为将货币带到英国的方法和手段有很多，但由于在转换过程中存在诸多不便，有时它不仅不能使国家富裕，反而还会带来贫穷。

　　首先，如果我们把所有的金银器皿都熔化掉并铸成硬币的话（除非出现了极其特殊的情况，否则这种行为是有损于国王陛下的尊严的），短时期内或一段时间内我们的货币是充足的，但这丝毫不会使我们变得富有。一旦出现进口入超，或发生海上或陆地上的战争，而国内产品又不能满足战场上的士兵的食品和军火的需要时，这些金银就会更多地流出英国，而且很快就会被消耗殆尽。

还有，我们以为用高估外国货币币值并允许其在英国流通的方法，抑或提高或贬低我国货币币值的方法，就可以增加我国的货币储存量，但其实每个方法都有它自己的困难与不便（关于这一点我在后面将再阐述）。不过，即使我们承认这种做法可以使很多的货币流入英国，也不会使我们变得富有，这些金钱也不会长久留在英国。因为如果是外国人或英国商人把这些钱带进英国的，那他肯定有增值的打算，或者是用于支付已经输出的商品的货款，或者是购买将要出口的商品，除非我们消除了耗尽我们金钱的奢侈浪费和战争这两个弊端，否则上面所说的货币流入对我们就没有任何帮助。如果我们不这么做的话，一个人为牟利而带进来的金银，就一定会被另一个人因为生活所迫而带出英国。虽然要考虑货币兑换上的损失，还有因违背法律规定而被没收财产时所遭受的损失等，但我们依然要保证外贸收入上的平衡或盈余。

现在我们可以作如下简要总结或结论，那就是：由对外贸易差额而导致的货币流入是可以长久保留在英国的，同时它也会使我们变得更富有，这样（而且只可能这样）还能使我国的土地价格提高。因为当商人将纺织品和其他商品输出到海外卖了个好价钱后，他会马上回来收购更多的商品，这样羊毛和其他商品的价格就会提高，结果地主也会提高土地的租金。因为每天都有到期的租约。这种方式既可以赚到钱，又可以使更多的金银流入英国。因为这些钱可以买土地，也可以钱生钱。但是，如果我国的对外贸易由于国内的忽视或国外的伤害而停滞或衰退，商人们就会贫困下来，商品的出口量也会逐渐减少，那么，我们所说的一切利益都会消失，我们的土地价格也会一天比一天降低。

第6章 靠制定和颁布各种国内禁令的方法，西班牙并不能保证其财富不流入其他国家

西班牙国王在西印度群岛所拥有的金银矿的价值，大于目前世界各地已发现的全部金矿和银矿的价值之和。正是凭借这一点，西班牙不仅使意大利等其他许多相当富裕的国家和城邦对它俯首称臣（如果不是因为这一原因，它们才不会听命于西班牙），而且还凭借其雄厚的财力持续不断地发动战争以扩大疆土，甚至还有以其金钱的力量在这些地区建立专制统治的野心。金银就是西班牙力量的源泉，使得西班牙将自己的势力延伸到如此众多的国家中，并试图将这些国家联合起来，以使自己从所有的基督教国家中获取充足的物资供应，来满足它在战争与和平时期的需要。那些向西班牙供应物资和生活

必需品的国家也因此从它那里获得了一些金银,因此西班牙的政策总是极力阻止金银外流出国。西班牙人自己也知道,他们的国家土地贫瘠,其产出物根本无法满足本国及其所属西印度群岛人的生活必需品的需求,现在这些需求靠各类外国商品的进口来满足。他们也相当清楚,由于本国生产的商品不能满足消费需求,只能依靠手中的金银来弥补商品供应的缺口。但与此同时,他们也发现了这种交易带给他们的巨大好处:用来自西方的金银财宝来增加与东印度群岛的交易,用他们手中大量的金银购进尽可能多的东方产品,这些产品是那些基督教国家需要但又自己不能生产的。西班牙用东方的产品与基督教国家交易,既换回了自己所需的物品,又阻止了其他人从西班牙带走金银。从国家的角度来看,这种将金银输出到远地国家的危险性要小于输往它的邻国。因为那样可能会增加这些国家的防御(假如不是进攻)力量。更引人注目的是,西班牙这种与人为敌的政策只考虑本国的利益,每一个输送到东印度群岛的西班牙本洋[①]所换回的物品在欧洲邻国(至少)要卖到五个银元,在西班牙垄断这一贸易的时候更是如此。但这一巨大利

[①] 原文为 Ryals of Eight,西班牙本洋,在 16~18 世纪曾是欧洲的标准货币之一,也是一种世界货币,从美洲到中国,它都流通,其币值为 8 里亚尔(real)。——译者注

第6章 靠制定和颁布各种国内禁令的方法,西班牙并不能保证其财富不流入其他国家

益西班牙现在已经失去了,英国人、荷兰人以及其他参与东印度贸易的国家分享了过去由西班牙独享的这一利益。

需要进一步考虑的问题是,除了无法用本国生产的商品来交换他们所需的外国物品之外(他们因此被迫借助货币来满足物品供应),西班牙人还天性好战,这耗尽了他们的财富。他们的钱撒在了基督教的国家或地区甚至敌人那里,其中部分是因为报复而抢劫来的。特别是由于西班牙要维持一支庞大的由外国人组成的军队,这些军队距离西班牙本土又路途遥远,因此,他们不可能依靠西班牙本国的产品来满足部队所需的粮食、服装和其他军需品的供应,使得他们不得不从其他国家那里得到补给。这种战争与一个国王在自己的国土上所进行的战争大不相同,也不同于海军在海上的战争。在国土之内或海上进行的战争,士兵打仗所获兵饷每天都会拿出一部分来购买生活必需品,因此,虽然国王的钱包瘪了,可是这些钱仍然留在王国之内。但是我们知道,西班牙人(相信金钱的力量)发动了与德国及其他遥远国家的战争,战争使西班牙这个基督教国家中最富有的王国很快变得不名一文。金银的短缺会使军队很快陷入混乱状态,就像西班牙本土有时也会发生的情况一样:这个以金银为立国之本的国家,有时它的金银会在运输的途中

被敌人用武力夺走，抑或有时由于自身的原因导致财政入不敷出时，国内也会发生秩序混乱的情形。因此，我们可以经常看到：金和银在西班牙是如此缺乏，以致人们不得不使用低劣的铜币，而铜币的使用又导致外贸的极度混乱，从而最终造成许多国内居民的事业和生活的衰落。

既然我们已经明白了西班牙的金银之所以会流失到其他国家去的个中原因，不妨再看看其他国家是如何和按怎样的比例瓜分和享用西班牙的金银的。比如土耳其和其他一些国家，虽然它们与西班牙没有任何贸易往来，却获得了大量的西班牙金银。从表面上看，这似乎与我们前面所讲的道理相矛盾，因为我们曾说这些财富是经由必需品的贸易获得的。为了讲清楚这一点，我们必须明白：任何国家（自己没有金银矿藏的国家）要想使自己变得富裕，拥有更多的金和银，只能依靠一种方式和手段，那就是我们在前面所说的获取对外贸易的顺差。要达到这一目标，并不要求你只能同富有金银的国家进行贸易，你只需按照我们前面所讲的规则和惯例去做就可以了。比如，如果英国每年通过与西班牙的贸易可以获得五十万个银元，但是在与土耳其的贸易中我们又损失了五十万个银元，这些银元都被运到了土耳其。因此，虽然土耳其人没有与这些银元的产出国——西班牙有任

第6章 靠制定和颁布各种国内禁令的方法,西班牙并不能保证其财富不流入其他国家

何贸易往来,但最终得到银元的还是土耳其人而非英国人。再举一个例子,如果英国在与土耳其的贸易中仍是损失五十万个银元,但在与法国、意大利和其他与英国有贸易关系的国家里获得了双倍的利润———一百万个银元,因此,从贸易净差额的角度说还有五十万个银元的收益。无论是在获取金钱的方法上,还是每年获利的比例上,这种比较方法都适用于评估任何国家间的贸易。

但是,如果还有人提出这样的问题:是不是所有的国家都获得了金钱,而只有西班牙失去了金银呢?我的回答是:不,因为浪费或战争从而使得有的国家将它所得到的财富又都失去了。西班牙的情形就是如此,它因为战争和补给失去了大量的金银和财富。

第 7 章 对外贸易的各种收益

在进行对外贸易的过程中会产生三种收益：第一种是国家的收益，它可能是在商人（他是国内最主要的代理人）发生损失的时候产生的；第二种是商人的收益，有时它是可以通过公平正当的手段获得的，虽然此时国家是损失方；第三种是国王的收益，这是一种任何时候都可以得到的收益，即便是国家和商人都蒙受损失的时候。

先谈一谈第一种收益。前面我们已经详尽说明了可以使国家在对外贸易的过程中致富的各种途径和方法，这里不再也不必再重复一遍，这里惟一需要说明的一点是：当公众沉浸于国家利益增长的喜悦之中时，商人们恐怕无法与公众共享这一快乐。举例来说，假如东印度公司将十万英镑输出到东印度群岛，用这笔钱买回了价值三十万英镑的货物并运回英国。因此，很明显，国家的这一部分财产增长了三倍。但请恕我直言，我有充足的理由证明，我上面所说的这家商业公司在这次交易中至少损失了五万英镑，如果它按照销路和欧洲这些地区的使用量来采购和运回胡椒、染料、印度棉布、锡兰香、精制的硝和其他诸如此类的笨重的货物的话。因为运费、保费、国外经理人和任何国内办公人员的开支、货物损耗费用、国王陛下的关税和其他各项税费、其他各种意外的开支等，所有这些加起来不会少于二十五万英镑。但商人的上述损失从国家的角度看却是利益的增加。因此我们可以明白，即便是在商人遭受惨重损失的时候，国家和国王仍可以从关税和其他税费中获取丰厚的利益。这给了我们一个很好的机会思考这样一个问题：如果所有的事情都进展顺利，商人、国家和国王都有利可图的时候，我们的国家会因为这种崇高的贸易增加多少财富啊！

我要说的第二点是，商人凭借其值得嘉奖的勤奋精神经营进出口贸易，在有利可图的时候买进卖出商品以获取利润。尽管如此，如果国内秩序混乱，国力仍然会衰退和贫穷下去。同时，骄傲和浪费会使我们消费过多的外国货物，使得我们消费的进口货物的总值超过我国财富所能负担的程度；当这种情况不能用本国商品的出口来弥补时，这就是被称为不自量力、奢侈浪费的人的典型特征。

最后一点，国王总是可以通过贸易获取收益。即使有时国家和商人如前所述各自或同时发生损失时，抑或是在我国商品的出口小于我国所进口的外国货物的价值时，抑或是在商人们的事业经营得不比以前更好时，国王照样可以从贸易中获得收益。

但是这里我们不能在这种广泛的意义上看待国王的收益。因为如果这样我们就可以说，虽然国家的贸易损失了一半，国王陛下仍旧有油水可捞。假设目前我国每年进出口贸易的总额大约是四百五十万英镑，由于外国货物进口和消费的增加，每年还可能增加二十万英镑。我们知道，在这种情况下国王肯定可以获得近两万英镑的收益，但国家却因为过度消费损失了全部的二十万英镑。当贸易以这种方式增进国王的利润的时候，商人们也可能是利益损失者。可最终国王也必将承受巨大的损失，如果他不能阻止这种使他的臣民陷入贫穷的奢侈浪费行为的话。

第 8 章　提高或贬低我国的币值，既不能增加本国的货币，也不能防止货币输出

一般说来，有三种方法可以改变一个国家的货币拥有量。第一种方法是，使现在流通的各种面值的铸币如英镑、先令或便士等，低于或高于其以前的价值。第二种方法是，当上述铸币的重量发生改变时，依旧按原来的价值继续流通。第三种方法是，当铸币的成色即其中金或银的含量提高或降低时，依旧按以前的价值继续流通。

当国内出现货币短缺或富余的时候，我们的确可以看到有许多头脑聪明的人从中渔利，他们的办法其实很简单：短缺的时候抛出货币，富余的时候储藏货币。因为按照他们的说法，铸币价值的提高会导致其他地方的

货币以牟利为目的流入我国，当货币的成色或重量降低使货币贬值时，由于害怕遭受损失他们仍旧会把货币留在国内。可是这些人因为这件重要的事业有了一个好的开端而高兴不已，没有考虑到事情的进展和结果，而这正是特别需要我们加以思考和努力的关键点。

因为我们必须明白，货币不仅是我们衡量国内所有其他财富的真实尺度与标准，而且也是我们衡量对外贸易的标准。因此，应该尽力保持货币币值的公平和稳定，并避免因币值的变化而导致贸易上的混乱。首先，就国内而言，如果通用的标准发生变化，那么土地、租金、国内和国外商品的价格等，都会按一定的比例发生改变。虽然对于有些人而言，他们无须花费太大力气和成本就可应付这种变化，但短时期内他们依旧要承受风险和损失。因为人们所看重的并不是英镑、先令、便士的名称，而是这些铸币的内在价值。即便我们有人为提高货币价值的能力，我们也不能这么做。因为这样做等于是帮了西班牙一个大忙，而害了我们自己。因为提高货币的价值会使外国商品的价格提高。这种严重损害普通百姓利益的措施，也不会像有些人想象得那样给国王带来什么好处。这是因为，降低铸币的成色或减轻重量，虽然可以给造币厂带来眼前的利益（但也仅是一次而已），但这一点点的利益很快就会消失，而且还会使国王陛下今后

第8章 提高或贬低我国的币值,既不能增加本国的货币,也不能防止货币输出

的许多收入大为减少。因为他的臣民们用贬了值的货币向国王陛下缴付各种款项。同样,我们也不能说国家所失去的正是国王所得到的。因为这二者间有本质区别:由于所有人的财产(不论租约、土地、债务、货物还是货币)都必然会相应贬值,国王陛下依旧可以得到他应得的那份钱,虽然缴付给他的是新的贬了值的货币。不过,与遭受的损失相比,国王的这点收益实在是太少了。因为虽然有一些人还有其他形式的资产,这些资产用货币来计算的话每人都有五千至一万英镑左右,加起来总共约有几百万英镑,但这并不意味着所有的财产都可以立刻全部转化为现银。为了满足虚荣心,人们不惜损失一点利益,同时也是为了维持家庭日常开支的需要,手头得经常留有四十至五十英镑,其余的钱则会用于牟利,不停地从一个人的手中转到另一个人的手中。现在你该明白了,这些为数不多的货币(用来衡量所有其他物品的价值尺度)在人们每天的生活中所起的重大作用——按照某种公正的比例,统治和分配所有的人日常一切重大事项。另外,我们还必须知道,我们许多的旧币经过反复使用已经磨损因而重量减轻了,因此无法给造币厂带来任何利润。由铸造更重的货币所带来的收益,也会因为我们聪明的邻国人的投机行为而流失:他们会用其他的物品或铸币大量交换我国的重币,并将其留存起来

带回他们的国家。同样,我并不怀疑我们自己的某些国民也会有同样的行为,为了牟利他们甘冒绞首的风险私铸私贩货币。因此,对国王陛下来说,改变货币的成色或重量最终是无益的。

也许有人还会说,如果国王陛下提高币值,大量的金银就会从国外带进英国。因为以往的经验告诉我们,近年来由于我国黄金的价格上涨了百分之十,的确有大量的外国金币流入到我国,其数量超过以往的任何时期,对此我并不否认。但在这里我同样要指出的一点是,这些金币带走了我国所有的至少是大部分的银币(都是没有磨损和足够分量的银币),这一点从现在我们日常生活中所使用的各种货币的品质中就可以清楚看到。发生这种变化的原因是,我国银币的价格没有与金价同比例上涨,因此,对于从事贸易的商人来说,将每年的贸易所得换成黄金带进英国比带回银币更划算,利润更大。

另外,如果我国的币值不稳定,就会违反对外贸易法规,在这种情况下,其他国家出于戒备心会相应地改变它们货币的币值,那么我们还能期待什么呢?抑或,假如它们不改变币值,我们可以期待什么?因为如果外国商人将他们的商品带进英国后才发现英国的货币升值了,难道他们不会将他们的货物留存起来,等到涨价时再出售吗?难道商人们不会将外汇的兑换比例相应地提

第8章 提高或贬低我国的币值，既不能增加本国的货币，也不能防止货币输出

高吗？所有这些的答案毫无疑问都是肯定的。那么，能不能在货币升值后再将它输出到国外，并赚回与升值前一样多的利润呢？

也许还会有人这样说，如果我国的货币升值了，其他国家的货币却没有，因此肯定会有更多的外国货币或金银被带入英国。真要是这样的话，就必须依靠从事出口贸易的商人和购买我国物品的商人。显然，上述两种商人都不可能从中获取较币值变动前更多的利润和好处。因为如果他们所说的外国货币或金银的确能比以前换到更多的英镑、先令和便士的话，他们会愿意以目前看起来高了一些的兑换比率，更多地兑换这些跟以前相比成色更差、分量更轻的英国货币吗？因此我们可以清楚地看到这一点：改变币值的这种创新并不是使金银流入英国的好方法，即便这些金银被带进了英国，我们也无法把它们保留下来。

第9章 准许外国货币以高于其实际价值的比率兑换我国货币并允许其在我国流通，不会使我国的财富增加

一个考虑周全的商人为了更好地经营其生意和账款，一定会认真学习如何分辨与他经常有贸易往来的那些国家的货币的成色和重量，并与我国的货币相比照，以期准确地计算出生意上的利润和损失。我丝毫也不怀疑，在许多与我们有贸易关系的国家或地区虽然每年都要出售大量的我国生产的产品，却很少有适合我国使用的物品，因此贸易的收益我们只能采取货币的形式。这样，我们只好要么把这些钱带到其他国家去购买我国所需的物品，要么以*金银*的形式带回英国。这些金银被允许在

国内使用，而且是以高于斯特林金币①的价值来计算兑换比率的。这种做法表面上看很可能会使大量的金银流入英国，但通盘考虑过后我们就会发现，用这个办法来增加英国的财富几乎是不可能的。

首先，这种办法是违背商业惯例的，而且很快就会导致其他的国家采取相同或更严厉的行动来与我们对抗，使我们的希望最终落空。

其次，如果货币真的是衡量其他财富的尺度，而我国又允许外国货币以高于其实际价值（与我国的标准货币相比）的兑换率在我国流通，那它带来的结果只能是：公共财富不能被公正地分配，因为衡量这些财富的尺度是不准确的。

最后，如果我国货币与外国货币的价值差距很小，那么带进国内的金银就会很少甚至没有，这种情况下商人宁愿带进货物，因为输入货物通常总是有较好的利润的。另一方面，如果我们人为地扩大外国货币于我国货币的兑换比率，使外国货币的价值远大于其实际价值，

---

① 英国以英镑为基础的标准货币单位名称。公元 775/780 ~ 1156/1157 年发行。775 ~ 780 年是由肯特国王黑伯特和埃伯特发行的，784 ~ 785 年由梅西亚的国王奥发发行。斯特林币的含金量和重量每次都有很大差异。从 1279 年开始，含金量 0.925 克，重量下降，爱德华一世时是 1.44 克，到亨利七世时重量仅为 0.78 克。斯特林币还有大量的仿制品，如低地国家就仿制过爱德华一世到爱德华三世时期的斯特林币。——译者注

第9章 准许外国货币以高于其实际价值的比率兑换我国货币并允许其在我国流通,不会使我国的财富增加

获利的人就会将我国所有的金币都带走。所以,这实在是一个*两难选择*,而且收益也不大。因为所有其他办法都证明:只有对外贸易的总差额才会导致我国财富增多或减少,这一点在后面我还会作进一步的分析和说明。

第 10 章　颁布现金使用法令不能增加也无法保护我国的财富

　　将我国的货币保留在英国这一工作的难度以及所需要的技巧，丝毫不亚于增进我国财富。因为保存财富和增进财富在性质上是相同的。规定进入我国的外国商品所售货款最终只能换成我国的商品带出英国，最初看起来似乎效果很好而且手段也合法，但仔细研究你就会发现，这样的法令实际上是不可能产生好的结果的。

　　由于所有国家的对外贸易政策都大同小异，所以，当我们在这方面有所动作时，其他国家会作何反应是很容易判断的事情。我们不仅希望扩大我国产品在国外销售以换取我国所需的外国商品，而且还试图以此来增进我国的财富。当我们按照既定的步骤谨慎地推进我国的外贸事业已达成上述目的时，他国的反应其实我们很清楚，我们所要做的就是，根据我们的需要和我们将要与之贸易的国家的态度来决定该采取哪种方法和策略。比如，在有的国家，我们销售我国的货物，然后再购买一些当地的产品，剩余的货款以现金形式带回英国；在另一些国家，虽然我们也在那里出售我国的商品，但当地的物品却不适合我国的需要，因此我们只能带走货款；还有一些地方有我们所需要的商品，但那里的人们却不需要我国的商品，所以我们在其他国家赚到的钱被他们拿走了。因此，通过货物（按时间的变动而不断变化）的不停周转以及参与各方互相合作共同完成的贸易，永远都不会失去活力，如果没有国内的过度消费、国外的横征暴敛和国内外的各种课征费用及限制政策的话。但在这里我只打算简单说一说限制的问题。

首先，商人在海外销售货物的所得可采取三种形式：现金、货物和汇票。但是现金使用法令不仅限制货币（在一些人看来似乎是公正的和有远见的）的使用，而且也限制汇票的使用，这种做法是违反商业惯例的，与我国有贸易往来的其他国家从未采用过此类的措施。因此，你可以想象到我国这么做的后果。无论我国对在英国的外国人施行什么样的法令（只要是与现金使用法令相类似的），其他国家就会马上制定相应的策略来应对，特别是那些与我国有大量贸易往来又对我国怀有戒备之心的邻国，它们会一如既往地同时不遗余力地支持它们的商人获取与他国同等的权利。因此，第一步是我们从他国自由携带金银出境回到英国的权利会被剥夺，紧接着英国商品在其他国家的销售额也会大大下降，因而我国的贸易会衰退，金银会减少。

其次，如果依靠上述法令我们还能推进我国的商品出口（高于一般水平）的话，那么这些商品一定是英国人民从他们的日常生活中节省下来的，这种做法是不利于商人、水手和航运业的发展的；而且，它还会使国家遭受损失。因为在这种情况下，外国人在英国购买商品的价格，要大大低于我们把商品运到他们国家后卖给他们的价格，这一点在第3章里我已经作了分析和说明。

再次，正如我已经反复说明的那样，假如我国的外贸进口大于出口，我国的货币就必定会流出英国。要防止货币外流，只约束外国人却不限制英国人的行为，这又怎么可能达到目的呢？促使他们现在这么做的理由和原因以前不也出现过吗？即使我们能设计出一种将外国人和英国人都约束起来的法令（目前还没有先例可循），还不是一样都会马上毁了一切？国王的关税没有了，国家的利润也没有了，这样的限制肯定会毁掉大部分的贸易。因为要使贸易得到充分发展是需要条件的，一个发达的贸易呈现出的状态是：有的人既出口也进口商品，而有的人则只进口或只出口；有的人需要把货款汇出去，有的人要收进货款；有人把货币带出去，有人把货币运进来，数量的大小取决于各国的经营能力和货币富余状况。只有在这种情况下实行严格的法令，才能不影响商业的顺利进行；没有这一条件，任何法令都起不到保护和增加财富的作用。

最后，如果有人说，我国需要一部既约束外国人又约束英国人的法令，才能保证我国的金银不流失出去，对于这种观点，我不能不提出反驳意见。假如这种法令将会使我国的贸易由自由贸易时期的繁荣转为管制后的衰退，从而降低了我国的贸易所得，实行这样的法令有什么好处呢？它给国家带来的危害是不是比瘟疫还要大呢？当国王的收入、商人、水手、航运、工匠、地主、财富等所有的一切都随着我国的贸易共同衰退的时候，我们的生活和爱尔兰人有何区别呢？我们还是生活富裕的英国人吗？

也许有人会说，你说得有道理，但我们应该还有更好的未来吧。因为实施限制现金使用法令的目的，是要使那些将外国货物卖给英国人的商人的所得，再购买成英国的商品，这样我们就可以把货币留在英国。这是毫无疑问的，只有我们大量地向海外输出商品，使出口商品的价值大于进口商品时，超出的部分才可能以金银等

第10章　颁布现金使用法令不能增加也无法保护我国的财富

现金的形式流入英国。

前面我们所说的道理已经完全否定了这一观点，但我已经不想再争辩下去了，姑且认可这种说法吧。因为假如其他国家所购买的我国商品的价值大于我国所消费的外国商品的价值这一说法是事实，那么我可以肯定地告诉你，即便没有限制法令，出超的部分也会以现金的形式返回到英国。因此，限制现金使用的法令不仅是毫无意义的，而且是有害的，就像其他那些类似的限制措施一样，一旦付诸实施，其副作用将会暴露无遗。

第 11 章　勒令输出鱼、谷物或军火的商人将其所售货款的部分或全部以货币的形式带回国，不会增加我国的财富

食物和军需品在一个国家是如此珍贵，以至于似乎有必要完全限制它们的出口，或者（如果国内产品充足可以允许其出口的话），就应该要求对方用金银来购买。这些看起来似乎是合理的，同时也是没有困难的。因为西班牙和其他国家愿意为了购买这些物品花掉它们的钱，尽管在其他贸易中它们是绝对禁止输出金银的。尽管我所说的所有事实都是真的，但同时也必须明白，即便我们使尽所有的手段迫使金银输入我们的王国（通过贸易的手段），也不能保证这些财富将会永远留在英国。因为获得金银的惟一方法就是牟取合法利润，但在法律许可

的情况下，这些利润只能通过贸易的进出口顺差来实现。不过，贸易顺差会因为限制变少，因此这样的限制阻碍了我国财富的增长。这个论点很简单，不需要其他原因去证明，除非有人会自负到认为任何限制都不会导致出口货物的减少。但是即便我们认可这种说法，并且还勒令商人只能用金银来购买我国的食物和军需品以供出口，到年终结算时我们仍会发现，我们并没有多赚一便士的钱。无论你采取何种方式，只要利润是通过强制的方式获得的，这些收益一定会以另一种方式流失出去。因为只有通过贸易顺差获得的收益，才能在我国长久保持下来并成为我国财富的一个组成部分。

  举一个英国人的例子，这些论述可能会显得更清晰。假如他购买和消费了不同国家价值六百英镑的物品，然后又把他自己的价值一千英镑的物品卖给了上述国家，并马上把所有的钱都装进钱包。但是在结清各自的债权债务后，上述英国人实际上从这次的买卖中只获得了四百英镑的收益，曾经归他所有的那六百英镑现在又离他而去了。这个例子足以显示下述道理：无论我们用什么方式使财富流入我国，最终我们所能得到的，只能是那些由于我们在贸易上存在顺差而获得的利润或货币。

第 12 章 在国内或国外用汇票付款或收款时贬低我国的币值，不会减少我国的财富

通过商业票据进行结算是一种在商业交易中广泛应用的做法。通过这种方式，那些拥有某国货币的商人可以在特定的时间里，以双方议定的汇率在一国支付货款，然后再在另一国接收这些货款。这样，借贷双方不必在国与国之间运送金银就能满足他们在交易中对货币的需求。

这些个人之间达成的货币兑换比率，并不是根据货币的公平价值来确定的，即不是根据各自货币的重量和成色来判定其价值的。首先，因为支付货款的人要考虑债务的风险和债务偿还期限的延长。但是由汇率所导致的货币贬值或升值，其根本原因是交易发生地货币供应

的充裕或稀缺程度。例如，当我们这里有大量的货款要汇往阿姆斯特丹的时候，我们的货币就会在兑换时被贬值。因为那些收款的人看到一下子来了这么多的钱，一定会趁机压低汇率以牟利。

反之，当汇往阿姆斯特丹的货币很稀少时，优势便转移到了汇款人这一边，支付者将会要求以更高的币值进行汇兑。由此我们发现，一国货币的充裕或稀缺程度会导致所有物品的昂贵或价廉。在汇兑过程中货币所起的作用正好相反，因此下面我该说说造成这种影响的真实原因。

由于货币的充裕或稀缺程度会导致汇率的高低变化，所以贸易差额的变动的确会导致货币的充裕或稀缺。还有，在这里我们必须明确，我们所说的贸易差额，既是总量意义上的又是个量意义上的。所谓总量，是指我国每年贸易货物的价值的加总，就像我在前面所提到的那样；个量则是指我们将我国同意大利、法国、土耳其、西班牙及其他国家间的贸易分开考虑时的数值。从后者那里，我们可以清楚地发现我国货币发生升值或贬值的地区。尽管在一般情况下，我国的货物年出口价值可能超过进口（出超），其差额使我国获得了更多的财富，然而就与某个特定国家的贸易而言，情况却并非如此。有些国家比如低地各国有可能从我们这里赚走更多的金银。

第 12 章　在国内或国外用汇票付款或收款时贬低我国的币值，不会减少我国的财富

因为它们卖给我们的货物价值超过了我们卖给它们的货物价值。若果真如此的话，那么低地诸国的商人不仅会以账目平衡的方式从我们这里拿走了大量的财富或金银，而且还会通过这种方式使我们这里要汇付出去的货币数量增加，从而使兑换商因此压低汇率进而导致我国货币贬值，就像我前面所说的那样。反之，如果我们向西班牙和其他国家或地区地方出口更多的货物，超过我们所消费的从那些国家进口的货物，那么我们就能带回这笔财富。同样，在商业汇兑上我们也会压低它们的汇率，从而我国的货币就会升值。

但似乎还是有人想用实例来证明，在汇兑中贬低我国的币值必定会造成我国货币或金银的流失。根据他们的说法，他们每天都能看见大量的英国铸币被运出英国在低地国家流通。这种状况对于低地地区的商人来说是十分有利的，他们可以因此而避免汇率方面的损失。因为如果你有一笔阿姆斯特丹的货款要在英国交付，假设这笔货款在英国是一百英镑的斯特林币，那你的货币实际上被兑换商贬值了。因为你的那笔货款他们在阿姆斯特丹支付时只需九十英镑就足够了。那么，难道这不是证明了（他们说）贬低我国货币的币值会导致货币从英国流失出去的原因吗？

关于这一观点我愿意作一个全面而清晰的回答，我

要向你们证明，不是因为货币在汇率上的贬值，而是在外贸入超时才会导致我国财富或货币的流失。假定我国与低地国家的贸易中输入我国的商品价值总额为五十万英镑，且该贸易完全由荷兰人垄断，而我国出口到上述低地国家的商品价值总额每年只有四十万英镑，也完全由英国人垄断。这样，荷兰人仅仅可以同英国人交换四十万英镑的等值货物或货币，这不是明摆着的吗？所以贸易差额中的另外十万英镑，荷兰人只能以货币的形式从英国带走，即便我国不允许向国外汇出货币，同样的财富损失也一定会发生。因为荷兰人可以用他们的物品拿走我们的钱，而我们只能用他们所用的外国货币来交换他们手中的物品，因此这十万英镑的损失是不可避免的。

现在让我们再增加一个例子，仍旧依据我们前面讨论过的与低地国家之间的贸易的比例这个基础之上。荷兰人（如前所述）同英国人按照各自国家货币的公平价值或价格交换四十万英镑的物品，因为英国人只有这么多的东西可以用来交易。若是现在货币的供给比较宽裕，荷兰人手里有大量的货款要汇回本国，在这种情况下，我国的货币（根据前面已经提到的）就会贬值百分之十。因此，很明显，荷兰人必须在我国支付四十四万英镑，才能在自己的国家取回四十万英镑。所以，平衡了他们

第 12 章 在国内或国外用汇票付款或收款时贬低我国的币值，不会减少我国的财富

和我们之间的贸易差额后，荷兰人只能从英国拿走剩下的六万英镑。由此我们可以明确地了解，并非像某些人所预测的那样，在汇率上降低我国货币的币值，不仅不会使货币从我国流失出去，而且与等价货物交换相比，对本国货币贬值还是一种降低货币输出额的方式。

进一步，让我们假定英国商人输出的物品价值与荷兰人输入英国的物品价值相等，这样，他们就可以通过相互之间的汇兑各自取得自己的外汇收入，谁也不需拿走对方国家的一分钱，也没有任何一个国家遭受损失。当然，我们也并不排除会有个别的荷兰商人，为了其个人利益或其他目的而不采取汇兑的方式，宁愿冒险用现银将他的一部分收益运送出境。

对于这一点，我的答案是：就上述情形来看，一切必须服从需要。荷兰人应该得到他与英国的贸易所应获得的全部货币收入，英国人如不想自己的货币流失出去，就必须从海外挣得相同数量的钱。现在我们可以清楚地了解：只要贸易是平衡的，就不用担心钱从我们身边被带出去了，它们最后一定会回来的。只有当我们的外贸出现逆差时，这些货币才会真正失去。也就是说，如果我们为进口外国货物花费的价值超过了我们出口的商品价值，那我们会失去一部分金银；如果情况正好相反，我们就可以获得货币或财富，这也是获取财富和货币的

惟一手段。所以，杰拉德·马林斯用了很长的时间在众多的书中反复强调，就是要使全世界相信我国货币在汇兑时的贬值耗尽了我国的财富，可惜他这是白费力气。这种观点完全是错误的，他找错了原因，而且把次要原因当成了主要原因。他说的那种由次要原因导致的结果其实是由另一个主要因素导致的，而且即便他所说的那个原因不存在，那个结果依然会发生。他提出的解决方法是：由公共权力机构来确定商业汇兑的价格，以保证我国货币在汇兑时有一个公平的价格，这个建议同样也是毫无作用的。这种做法在世界上任何地方都没有先例，它不仅是没有结果的，而且还会造成损害，就像在这章里已经被反复证明的那样。因此，我们进入下一章里。

第 13 章　专营货币兑换的商人不会增加或减少我国的财富

有些商人仅从商业汇兑中获利，他们既不从事出口贸易，也不进口货物。这导致了一些人断言，这样的商业汇兑者从我国输出或带进我国的货币，在我们计算对外贸易差额时应不予以考虑。因为（他们说），有时当我国货币贬值，以低于百分之十的真实价值支付到阿姆斯特丹时，上述的商业汇兑者可能会收进一千英镑的货币，而他在阿姆斯特丹付清这笔款项实际上只需九百英镑就足够了。在三个月的时间内，通过其他或大或小的款项汇兑，他可以获得同样的利润。

但是我们必须知道，尽管这些商业汇兑者没有从事商品贸易，可他们以前面所说的方式带走的钱，一定是由从事商品买卖的商人的需要决定的。因此，他们应属于对外贸易差额的组成部分，并且起相同的作用，就像商人自己带走这些货币一样。如果我们的商品贸易出现逆差，商人们就会将多余的钱带出去，这是他们必须做的。这种情况与我们的货币贬值时的情况是一样的，它们都是商品进口大于出口的结果，这一点我们在第12章中已有详尽描述。

与此相反，当我国的对外贸易出现顺差时，这些专门从事商业汇兑的商人（由于前面所说的利润）将货币带进英国时，他们的所作所为与那些从事商品贸易的商人们没有丝毫的不同。但在这种情况下，一些商人宁愿亏损一点也会按压低了的汇率汇款，而不愿冒险去干违法的事情，尽管他们的出发点是为了赢利。

第 14 章　银行家和汇兑商人为国家做出的卓越贡献

　　尽管我已经写了一些关于汇兑商人方面的内容，但其中关于我国货币的贬值和专门从事商业汇兑的商人，以及上述种种所产生的作用和结果，我觉得还有必要进一步深入下去，这不仅可以强化前面的论述，揭穿那些迷惑人的谬论，而且还可以避免由《商务法规》第 409 页和《自由贸易的维持》第 16 页给一些读者带来的误导。这两本书的作者杰勒德·马利尼斯列举了许多银行家和贸易商的卓越功绩（他就是这么说的）以及贸易的作用与功效，但却完全不谈这些作用与功效是如何产生的，使得读者在这些问题上很迷惑。但我认为，他这么做并不是因为他在这方面缺乏了解，而是因为他擅长写作与收集关于商人的事情，特别是对汇票的多种用途、形式以及条例作了很好的论述，这些都是他为后人做的贡献，是值得赞许的。但是他用诡辩术来掩饰自己的思想，以至于不顾公共利益而得出一些有利于个人利益的结论，这些有必要予以揭发和制止，我认为自己有这个义务（在关于财富的讨论方面）。马利尼斯将汇兑看作是促使这些功绩产生的惟一力量，而我则打算揭示这些功绩所产生的真实原因与含义。但是考虑到顺序问题，我觉得应当首先列举那些在他的书中所提到的具体功绩。

汇兑业的显赫功绩

1. 可以将货币投放到世界上任何有贸易发生的地方以获利。
2. 可以获得并增加财富，并且与任何国王之物品无关。
3. 可以购买任何国王的商品，且不用携带一便士，而是运用贸易国的货币。
4. 变得富有却不用承担航海和旅行的风险。
5. 可以利用信用来完成许多事情且不花成本。
6. 有助于理解，到底是将货币用于兑换还是用于购买商品才能带来更多的利润。
7. 可以确切地知道贸易商在商品买卖上的所得。
8. 可以通过在贸易国的持续不断的汇兑业务谋取自己的生存与发展空间，而不管当地人是否有利可图。

9. 可以使每个国王的财富流出本国，如果他的臣民输入的物品多于输出的物品的话。
10. 可以让货币交易市场遍及富有的君主国，以及需要出售货币和用它来支付的地方。
11. 可以停止对那些依靠要支付利息的借款来维持战争或所需商品的国王的货币供给，假如他的敌人需要他这么做的话。
12. 可以对贸易商提供充足的货币，使他们可以拖延商品出售的时间，从而帮助他们在出售商品时迫使买方接受他们给的定价。
13. 可以用大量货币收购新货或库存，以便使整个商品交易由他们掌控。
14. 可以隐藏从任何国家带走货币的事实。
15. 可以用他自己的货币或任何国家的劣币来换得任何其他国家的良币。
16. 可以将国王的劣币换成良币，并且在付款时支付劣币，即便如此，除去手续费，仍然可以获利。
17. 可以依靠信用，在从事商品贸易的商人的货币还没有全部兑换或支付的这段时间内掌控这笔钱，再用自己在该地的货币支付，然后从中获利。
18. 可以使自己的国家从其他主要以本国生产的商品来满足需求的国家获利，使它们将剩余产品输出到国外且贸易额逐年增长，从而通过贸易和汇兑增加金银或财富。

19. 当他们的财富多到可以控制汇率时，可以不顾国家利益和国王的利益而谋取自己的利益。若是他们付出款项，他们可以在一个地方交付本地的货币，而在另一个地方收取实际价值超过他们本地货币的另一国的货币；当他们收款时，他们知道这笔钱将要在另一个地方支付出去，所以会收实际价值高于汇兑目的地币值的币种，而在支付时则付出实际价值低的币种。

20. 可以随时购买便宜的商品。

21. 可以靠现款将别人手中的便宜货抢过来，并且可以通过在竞标中多次击败对方来提高商品的价格。

22. 可以将由汇兑所得利润的货币的一部分有时是全部，用来换取物品，并因此使他人为了自己的利益而辛苦工作。

23. 可以使国王们在关税、津贴和税收上使用他们的货币，因为汇兑商自己并不需要货币。

24. 可以准确地计算出贸易商准备带到任何国家去的商品的价值，即根据物品购进的成本和当地的汇价，无论物品输送到哪个国家，他们都可以计算出来物品在那里的实际价值。

第 14 章 银行家和汇兑商人为国家做出的卓越贡献

如果我打算扩大对这些功绩的解释，那么以上这些给我提供了足够的材料去写一大卷内容，但是我的兴趣在于尽可能地简洁明了。在开始之前，我想到有一点会让我忍俊不禁的地方是，当一位知名的法学家，在看到了《商务法规》一书中所提到的商人的狡猾与机灵，要远胜于他著作中所提到的所有法律案例，他将会多么为他原本值得骄傲的研究而感到沮丧呢。因为这种汇兑远胜于魔术；我确信，无论是浮士德还是班克斯先生的马都无法完成如此的功绩，尽管可以确信的是他们有撒旦的帮助。但是我们的商人们却不能依靠圣灵的帮助。我很高兴自己不被看作是歌功颂德的作家，因此在这里我想尽可能清楚地说明为什么我会欣然同意（在上述假定的功绩方面）对贸易过程的称赞。

首先，是"*可以将货币投放到世界上任何有贸易发生的地方以获利*"这一条。当汇往阿姆斯特丹的货款一个月的期限内汇兑损失有时会达到大约百分之八至百分之九时，商人们如何能做到这一点呢（正如有些人说的）？回答是，这里我必须考虑，首先，导致损失的主要原因是，我们从阿姆斯特丹购买的商品要多于我们在那里出售的商品，由此导致货币汇兑中从英国向国外汇出货款者多于向英国国内汇入者，因此货币朝着有利于买方的方向贬值。对于卖方，与其因自己的货币贬值而遭受损失，不如考虑这样的国家，即我们带到那里的物品的价值大于从那里带回的物品的价值，例如西班牙、意大利和其他国家等，在这些国家能确保获得利润（亦如前面所提到的原因）。但是现在你会说，货币离阿姆斯特丹较以前相比更远了，怎样才能让它们汇总到一起？是的，很好，如果这样做最终能获得很好的利润，那么下一步我就会向你们说明还有一个最近的途径可以使这笔钱回到家中。首先从西班牙开始，假设在那里我们获得了第一笔利润，在那里我考虑下一个能使我们获利的地方，然后发现与他们所带回的羊毛、西印第安皮革、糖以及胭脂红染料等相比，佛罗伦萨人运送了更多的金色和银色布匹、精致丝绸和丝毛混织品至西班牙，这时我就知道我应该将我的金钱带入到佛罗伦萨。在那里（依照相同的道理）我又会将金钱从那里投向威尼斯，然后又发现我的下一个收益将会出现在法兰克福或安特卫普，直到最后，根据时间和地点给我提供的获利机会，我以直接或迂回的方式来到了阿姆斯特丹。那么，我们看到，汇兑的收益与损失是由贸易差额即货物的出口是高于还是低于进口的水平来引导和决定的，贸易差额使得货币汇兑的价格被迫时高时低。马利尼斯反复提到的关于这一点的看法却正好相反。

关于第二条、第四条、第十四条以及第二十三条，

第 14 章　银行家和汇兑商人为国家做出的卓越贡献

我认为这些都是货币汇兑专营者的正当工作，并且他们的行为不会给全体国民带来好处和坏处。这一点我已经在最后一章中有详细论述，这里就此省去。

关于第三条，的确，我可以把一千英镑兑换成西班牙货币，然后用这些货币购买并带回许多西班牙商品。但是所有这些只能表明这些商品最终必须由英国的货币或物品支付，因为如果我在这里将一千英镑给一个英国人，他必须在西班牙要么用已经发送的物品，要么用正在发送的物品来支付我。或者是我将英镑给了一个打算用这些英镑购买我的商品的西班牙人。因此，不论如何，我都必须给这个外来者支付与我从他那里所获得的东西等量或等价的商品或货币。那么，在所有这些过程中有任何我们值得推崇的功绩吗？

关于第五条、第十三条、第二十条以及第二十一条，我必须就这些功绩作一同回答。因为它们只是同一事物所采取的不同方式，这些连傻瓜也知道，也会说：只要是获得信用的人，就可以签订合约和买卖货币，并且出资经营货币汇兑，通过汇兑吸纳大量货币，他们还可以收取利息。但是，在这些过程中他们并不总是赢家，有时候与那些信用不如他们的人一样，他们也会亏损。

关于第六条和第七条，我的评价就更差了。理由是，当我知道我的商品目前的国内和国外价格时，我应该能够很简单地推算出究竟是从汇兑中获利多还是从我的商品中获益更多。由于任何一个商人都清楚自己从商品买卖中能够获得的收益，因此其他任何人也能够说出商人们是如何做到这一点的。所有这些，又有什么可以值得我们如此推崇货币汇兑业的呢？

关于第八条和第十二条。由于银行家与货币兑换者的工作就是视需要为人们提供货币，与那些贷出货币并从中收取利息的人一样，很多时候也会遭到失败。因为贷者常常只关心借者的利润。

关于第九条与第十八条。我认为作者在这里有一些特殊的含义，或者是意识到他自己的一些错误，于是在这两条的旁白处用手形符号注明。为什么要将国家的富裕与贫穷归因于货币汇兑呢？正如我所反复强调的那样，国家财富的增减只能通过调节国际贸易差额的手段来达到，马利尼斯在这两处的文字也为那些明智的读者给出了提示。

关于第十五条和十六条，我承认兑换可以将劣币转换为金银。因为当一个外来者可以铸造并携带了大量法寻①的时候，他可以在很短的时间内将其花掉或转换成良币，然后在英国交付货款，再通过汇兑将之兑换成他自

---

① 法寻（Farthing），英国旧时的一种硬币，值 1/4 便士。——译者注

己国家的货币；或者他也可以直接携带*铸币形式*的这种良币，不将其兑换，如果他敢于冒受到法律惩处的危险的话。西班牙人清楚地知道谁是基督教世界中的公共（假币）制币者，因此敢于冒险带来大量的带有西班牙印章的铜币，并且按照上好西班牙本洋计算的价值带走西班牙银币。尽管他们使用这种狡猾的手段，但仍然会有被揭穿的时候。

关于第十七条，我们知道，有的人有能力通过货币汇兑来获得利润，有的人则不行。银行家们总是准备随时从那些无法在汇兑中获利的人手中接收大量货币，虽然他们最终还是要把钱支付给这些人，但他们已经获得了很好的收益。银行家们之所以能获得这些收益，是因为他们提供的货币供给与服务，就像那些替商人买进卖出商品的代理人可以收取佣金一样。而这不是既公平又极其平常的吗？

关于第十一条，我必须承认它确实是个妙想，居然会认为一个不富有的君主应当用带利息的借款来维持战争或商品供给（我将这两者放在一起，是因为作者在他的两本著作中用了这两个不同的词来说明[①]）。作为穷国的敌人，有什么必要非要以通过与银行家的合谋使这个

---

① 作者指的是马利尼斯在两本书里分别用了两个词，一个是 Wars（战争），另一个是 Wares（商品）。——译者注

贫穷的国王得不到贷款的方式来打败对方呢？这是因为利息及其负担本身可以很快解决这些问题——使穷国无力继续进行战争。

关于第十九条。我曾长期生活在意大利，那里的基督教国家中的最大的银行以及银行家们的确都进行贸易，但是我还没有看到过或听说过他们有能力通过联盟来控制货币兑换的价格。反而是贸易中货币的充裕或缺乏常常控制了他们，使汇率不受他们的控制而上下波动。

关于第二十二条。贸易中的货币汇兑不会妨碍国家的关税和其他税收。因为一个人要付出或汇出货币，是因为他没有机会将之用于购买商品，而另一个人要买进或使用这些货币，是因为他将要或已经购买商品。但是，下面这种情况也确实存在，即当一个国家的财富由大量的现金组成，同时这个国家在对外贸易方面也有很多好的途径与便利之处（通过海路或陆路或两者兼而有之），但如果它们忽略了贸易，那么这些国家就得不到利润。如果这是由于汇率的原因所导致的，那么我们就应当去了解这是如何形成的。因为我们要么在自己国家的人之间进行兑换，要么与外来者进行兑换。如果在我们之中进行，国家不会因此而获益。因为我所得到的正是你所失去的。如果我们与外来者进行，那么我们的收益将是国家的收益。但是无论哪一种方式都不能使君主从关税

第 14 章 银行家和汇兑商人为国家做出的卓越贡献

中得利。让我们找出实行这种交换的地方,并给出它之所以被许可的原因。我们在基督教世界中只可以找到一个这样的地方,那就是热那亚,关于这个我打算简短地谈一谈。

热那亚是个小国家,土地也不是太肥沃,没有什么自然财富或资源来供人们使用,也没有充足的食物。尽管如此,通过与埃及、叙利亚、君士坦丁堡以及所有地中海国家的对外贸易,热那亚获得了香料、药剂、生丝以及其他众多商品,为欧洲的大部分国家提供了商品供给服务,为此它也累积了大量的财富,创造了生气勃勃的城市、华丽的建筑以及美妙的景色。但是在著名的威尼斯城建立和发展起来以后,情况发生了变化,上述贸易开始转变方向至威尼斯。再后来,这些来自东印度群岛的贸易品的大部分又开始转向英国、西班牙以及其他的从印度群岛出发通过海路可以直接抵达的国家。贸易路线的这种变更迫使热那亚的商人们从商品贸易转向货币兑换。为了获利,他们不仅在许多商品贸易发达的国家中开展此项业务,而且还专门为西班牙人在佛兰德及其他地区的战争需要提供服务。这些商人因此变得更加富有,但在这一过程中公共财富却没有增加。热那亚的全体公民所遭受的这种不利,其原因有如下几点。

首先,也是最主要的,对于那些有着更好的地理位置以及在商品、航海技术、军火等方面更具优势的国家，热那亚人无法阻止这些国家的进入，只好放弃相应的贸易。

其次，它像一个聪明的国家那样行事，仍然尽量保留着大量的贸易。尽管它现在所能实现的只是它过去的二十分之一，它只有很少的原料提供给本国人民进行加工制造产品，有时甚至没有任何原料。但是，通过将西班牙的羊毛以及西西里亚的生丝纺成天鹅绒、锦缎、光缎、毛织品以及其他制品，基本上能达到这一目的。

再次，鉴于它无法通过在自己的国家里使用巨额财富，或通过贸易来获取利润，它就把钱输入到西班牙及其他地方，或是进行商品交易，或是向那些因商品贸易而需要汇兑的商人提供货币汇兑服务来获得利润。商人们为了获得利益在海外长期漂泊，可最后这些利润都回到了他们自己的国家。

最后，由于热那亚政府是由贵族统治的，所以商人们得到了政府的这种承诺：虽然公众得到的利益非常少，但如果商人们从外国人那里获得了很多利润的话，这就已经足够了。因为一个*自由的国家最宝贵和最可靠的财富就是贵族的财富*（在热那亚，贵族就是指商人），这与君主政治即专制国家是不一样的。在君主政体中，君主收入与私人财产之间是有你我之分的。而在共和国或民主的政体中，当自由和政府面临被奴役的危险时，私人财产就都变成了公共财产。这些财产甚至加上他们的生命，都随时准备用于保卫国家的主权。

关于第二十四条。如果一个商人在这里购买物品，打算运送到威尼斯，然后卖出它们，且需通过从威尼斯至伦敦的汇兑来获得这笔款项，那么他就会发现他的账单与原计划相比会有一定偏差，无法准确计算出商品的价值与获利。因为在他的物品运送到威尼斯之前，其商品价格以及汇率就会有很多变动。按照作者的意思，商品的价值是指在商品抵达威尼斯并售出后，然后再兑换，并从那里将款项汇回本国之后的数值。换句话说，用于购买这些商品的货币的价值，应当由商品运送到威尼斯的这段时间里的汇率水平来估价。那么这些不都是非常寻常且简单的事务吗？这并不值得将之列入功绩之中。

关于第十条。尽管一位富有的君主具有很大的权力，但并不是所有的富有的君主都有权让他的货币交易市场遍及他所想的任何地方。因为任何的市场之所以存在，并不是因为我们要将它设在那里，而是因为那里产品的品种最为丰富，它是自然形成的。因此，我们经常说，西班牙人因为他们在西印度群岛有巨大财富，因而拥有货币的源泉或者说货币交易中心，他们可以根据需要随意地把这个市场转移到意大利、德意志、低地国家或其他需要它的地方，用于维持和平或发动战争。所有这些都不是汇兑的神奇力量造成的，而是由使用货币的地方的各种习俗和惯例所决定的。如果它被用于在法兰西境内发动一场战争的话，那么将货币或金块、银块直接用四轮马车从陆路运入境将比较安全。如果是在意大利境内，则用帆船由海路运入比较安全。如果是在低地国家境内，则用轮船由海路运入，但这将有一定危险，因为它的潜在敌人就在该通道上。在这种情况下，尽管汇兑并不是绝对必要的，但也是非常有用的。因为西班牙人对德意志和低地国家商品的需求量大于这些地区对西班牙商品的需求量，因此西班牙国王不能从他的附属国中通过货币兑换获得财富，而是长期被迫地将他财富的很大一部分用帆船运至意大利。在那里，意大利人，尤其是他们之中的热那亚商人，收下这些钱然后按其所值在佛兰德付款。意大利人在那里之所以可以这么做，是因为他们把许多奢侈品不断地从意大利运送至佛兰德周边的国家和地区进行销售。但意大利人在佛兰德并不购买什么商品，而只是用奢侈品销售的货款为西班牙人提供货币兑换服务，以及通过兑换在意大利收回全部财富，其中的一部分现钱，正如前面所说的那样，是借助西班牙人的船运送回国的。

因此，通过上面这些分析我们可以清晰地看到，*货*

第 14 章　银行家和汇兑商人为国家做出的卓越贡献

*币汇兑的力量*并不能使金银听命于那些富有的国王，而是对外贸易中由商品交换而产生的货币促进了货币兑换，使得汇兑价格随货币供给的多与少或高或低变化。所有这些论述，我认为我已经和马利尼斯在他的书中所重复的一样多，只不过我们的观点不同罢了。马利尼斯认为货币兑换是贸易的关键，或按照马利尼斯的说法，"*是有效的、主导的，控制着商品和货币的价格、生命和精神，是卓越功绩的缔造者*"。好了，关于汇兑商人的所有功绩我们都已经简要分析过了，但我这么做的目的不是让大家去说为什么他自己没有去干这一行。因为如果真是那样的话，就不仅会改变他在汇兑问题上一贯坚持的看法，而且还会由于发现了它的正确作用而彻底放弃他的以等价物交换等价物的观点。这对荷兰人是件好事，但对于我国则是有害的，这一点我们在第 12 章中有过详细论述。

现在让这位博学的法学家再次为他的著作欢呼一下吧，因为商人们没人能打败他，即使他拥有更多的汇兑技巧。既然这些事情在贸易过程中是如此容易理解和做到，它还能称得上是卓越贡献吗？那么，如果我们的这点发现让法学家们释然了，就凭着来自他们的这点赞赏，请他们现在扮演好他们的角色，起草一份诉状来*反对以等价物交换等价物*的政策建议吧。因为这个观念误导了很多人，并且使我们揭开这些谜团的时候困难重重。

不，再等一下，所有的这些观点现在大家能接受吗？难道（按照这位作者的说法）这样一项由声名显赫的顾问班子及伊丽莎白时代的知名商人所认真履行，并且曾被法国的路易九世、菲利普四世以及菲利普六世判处没收其全部财产以示惩罚的伟大事业，就这样一笔带过了吗？我必须承认所有这些都需要一个答案，而这个答案部分地已经由作者自己给出了。因为他说，我们国家的智慧已经使我们发现了其中的病因，但却并没有给予治疗。治疗的药物是什么谁也不清楚，因为没有人试过。但在货币汇兑上我们一直到现在仍保留着所有原有的方法与形式，就像这些功绩刚被发现的时候那样。因为政府清楚地知道，在没有疾病的时候是不需要药物治疗的。

那么，我们如何解释法国国王处罚银行家们并没收他们财产的行为呢？也许银行家们是由于在兑换过程中触犯了法律而受到了惩罚，但他们的职业仍然是合法的，正如今天的意大利和法兰西那样。而且，我们还可以假设当银行家们受到处罚时，银行也不允许存在。但所有这些都不能证明它对货币兑换业有什么不利的影响。因为国王虽然颁布了许多法令，但他可以随时将它们废除。君主可能犯错，要不然就是马利尼斯错了。因为他发现，许多我国过去三百五十年以来一直实行的用于治理贸易

第14章　银行家和汇兑商人为国家做出的卓越贡献　85

衰退的共三十五项法令与条款，其实都是有缺陷的，只有他的货币汇兑改革计划，或者称为*以等价物交换等价物*的政策才是有效的，如果我们相信他的话。但现在通过我的分析大家已完全了解其中的道理了，所以我们就不必再讨论了。

我想借这个机会再反驳另一种与*以等价物交换等价物*具有相同性质的观点或计划，它是最近紧随以等价物交换等价物的观点而出现的。据可靠消息，该计划是要使国内所有金银片、金银块以及金银铸币（无论外币或本币）的兑换与再兑换，只有通过那个所谓的*皇室货币兑换机构，或者由它的代办处*批准才能进行兑换；而且每兑换相当于一*诺贝尔*价值的货币①需缴纳一便士的手续费。虽然这可能会增加他们的私人利益和财富，但却会造成更多的公共利益损失。因为这种做法会破坏国王的币制，剥夺国家的大量财富，限制臣民们应享有的自由权利，并且将很快摧毁金*匠们*可敬的行业。这些都相当容易理解，我就不再详细论述了。

---

① 原文为 Noble，有人译作贵族币，如《剑桥欧洲经济史》。这是一种古英国金币，最早由爱德华三世在 1344 年铸造，它的价值相当于六先令八便士，约三分之一英镑。贵族币是中世纪最大的金币之一，在它存在的一百二十五年中，因质量优异而备受青睐，它也被很多国家或地方仿制，如低地国家。——译者注

第 15 章　论我国存在的一些浪费现象及问题，虽然这不会损害我国的贸易和财富

　　我的本意并不是想减轻或忽略我国任何的浪费或弊端，而是要赞赏或赞许那些曾被他人在口头或文字上批评过的问题。但在这篇关于财富的论述中，正如我已经肯定地写下的一样，我要论述那些可能导致一国财富增加或减少的真实原因，所以我要继续驳斥那些错误的说法。因为如果人们真按那种说法去做，根本不会得到他们所预测的那种结果，那实在是鲁莽的行为。因为，在对这个重大事业进行纠错的时候，如果我们对其弊病的性质作出了错误的判断，那么在纠错过程中我们所采用的方法就可能有问题，至少会延误纠错的时机。

　　现在，让我们从放贷开始我们的讨论吧。首先，假

设放贷被视作为一种慈善行为，并且富人愿意免息把钱借给穷人，那么这肯定是一项让全能的上帝都高兴，并且对国家也有益的事情。但是，请注意它现在的状况，对此我们怎么还能说"*放贷增加，贸易减少*"这句话是对的呢？所以，尽管有些人的确不再从事贸易活动了，把赚来的钱买了土地去过富人的生活，或者将钱留到自己变老或遇到类似情况的时候使用，但随之而来的，绝对不是贸易数量的必定减少。因为已经成为富人的人的这种行为，会给*年轻的或资金较少的*商人带来发财的机会，使他们能够在世界范围内扩大其贸易。在这个过程中，如果他们缺乏资金，他们可以而且必须付出利息来使用放贷人的钱。所以你看，我们的钱并没有停滞，它仍在流通交易着。很多的商人和店主不都是从他们自己没有或只有很少的资金的时候开始其事业，靠着别人的钱做生意，最终变成了极其富有的人的吗？难道我们不知道，当贸易进行得快速且良好的时候，很多人依靠他们的经验和声名付息借款，将生意做得远远超出其最初出资的价值？通过这些人的勤奋努力工作，我们的国力增强了，就连寡妇、孤儿、律师、绅士和其他人的金钱也参与到贸易的过程中，尽管他们自身没有从事这项事业的技能。现在我们发现，虽然近来我们因为浪费和因此而造成的损失使我们陷于贫困，但仍有很多箱子里有

第15章 论我国存在的一些浪费现象及问题，虽然这不会损害我国的贸易和财富

的是钱的人和不知道该怎样处置这些钱的人。商人们因为我们在西班牙和法国的贸易的停滞，他们连自己的钱都用不完，根本不需要他人的资金，更不用说使用别人的带息的资本了（虽然此时利率较低）。因此，由于这些和其他的一些可能的原因，与那些确信贸易与放贷之间存在反比关系的意见相反，我们的结论是，贸易和放贷二者是同方向运动的，即*它们一起升降*。

其次，我们听到我们的律师经常受到很多谴责。因为我国诉讼程序过于复杂，它带给人们的烦恼和负担确实超过了其他基督教国家。可是，这是由于律师贪婪带来的呢，还是由于一般的人的不讲道理带来的呢？我无法回答，这是一个很大的问题，那就让它这样吧，我不想在此深入分析这一问题，以免超出我们本来要分析的问题的范围。我们要分析的问题是：造成英国贫穷和贸易衰退的原因。我确信，有许多诉讼案件使许多人倾家荡产，一文不名。但是它又怎样能使我们贸易减少一个便士呢？我想不出来。因为在如此众多的商人中，尽管会有一些人由于诉讼争议而恼火或退出这一行，但总还是有人愿意做商人的。因为我们知道，一个人的窘困可能会变成另一个人的机会。我从来不知道，我国的贸易和财富会因为缺乏经营和使用它的商人或资金而减少。真正能使它衰落的原因，一是战争带来毁灭性的破坏，

二是由于和平时期的某些变化，这些变化或导致国内消费过多的外国商品，或导致我国出口的下降。关于这些我已经在第 3 章里作了全面的论述。但是，对于这些律师们，我要说，他们高尚的行业，对所有的人都是必需的，但他们的讼案、诡辩、拖延和收费，对很多人却都是有害的；这些事情确实使某些人财产遭受到了损失，但并不像有些人认为的那样会使国家财产遭受损失。因为一个人的所失变成了另一个人的所得，一切仍然还在英国，我希望它还是保留在它应该在的地方。

再次，各种各样的慷慨施舍和大宴群宾的事是不可避免的。因为假设我们变得如此简朴，以至于我们只用很少几种或干脆不用外国商品，那我们将怎样出口我们自己的商品呢？我们的船只、水手、军需品、贫穷的手艺人和许多其他人该怎么生活？难道我们指望其他国家把钱送给我们，到英国来买走我们所有的剩余产品，而不用我们出钱去买或去交换它们的商品吗？这分明是幻想。通过适度的消费这种折中的办法来获得大量财富，这种方法会更安全和稳妥。

最后，贵族、绅士和其他事业有成的人，在住房、服饰和其他方面讲究和摆阔，不会使英国贫困。假设这个使用新奇材料和花费高昂的产品，是由我们自己的人民用我国的原料制成的，那它实际上是用富人的钱来维

第15章 论我国存在的一些浪费现象及问题,虽然这不会损害我国的贸易和财富

持穷人的生活,这将是对公共财富的最好的分配。但是假设有人说,当人们需要工作的时候,捕渔业也是一项很好的工作,并且利润也更多,对此我很愿意赞同。因为在那个巨大的事业中有充分的资源,可以容纳大量的富人和穷人投入到其中。关于这一点已经有很多的口头和文字论述。为了英王和英国的利益及荣誉,它应该延续目前良好的发展态势。

第 16 章　如何公正合理地增加王室收入

既然我们已经说明了可以使我国增加财富的真实过程，下面，我们将焦点放在王室合理增加其收入的方法和途径上。我们所说的合理，其意义是指王室收入增加的前提是不减少或损害其臣民的利益。王室的收入会因为其国土大小、国家贫富状况和贸易条件等的差异而有所不同。同样，王室收入还会由于国家的宪法、政府、法律和民间习俗的不同而产生巨大差别。没有哪个君主可以改变这一切，除非他不怕困难，甘冒风险。有的国王有王室领地收入、教会财产的首次收成税、关税、通行税和各种贸易赋税、一切必要场合下的债款、捐款和各种补助金。有的国王没有最后三项收入即债款、捐款和补助金，但他会再加收其他项目的税种，包括：所有由某个城市运出供国内任何其他地方或城市使用的新货都要缴纳赋税①；凡是活牲口、土地、房屋和女性结婚的嫁妆或陪嫁金的出售或转让，都要纳税。另外，饭店和客栈还要交执照费、人头税；所有谷物、酒、油、食盐等其他类似物品，只要是在本国领土内生产的和消费的，都要缴税。所有这些强制性的搜刮民财的手段，目的在于使那些强索钱财的国王变得更为富有，并使可怜的百姓忍受贫穷和痛苦，特别是那些此类负担的税率被设置得高达百分之四至百分之七的国家的人民，他们的处境就更加痛苦和悲惨了。但是在考虑了不同国家和地区的环境差别时，我们会发现，就某些国家而言，这些课征不仅是必需的和合法的，而且在许多方面还对增强国力很有好处。

　　首先，有很多的国家比如威尼斯、佛罗伦萨、热那亚、低地国家的联合省和其他的国家，这些地方风景优美，自然和人力条件优越，还有富裕的国民，但它们的领土范围不够大，仅靠经常性的财政收入无法支持他们对抗周边那些势力强大的国家随时可能发动的凶猛而突然的入侵。因此，它们被联合起来，组成联邦或同盟（虽然这些组织可能经常在最需要的时候解体），而且通

---

① 这些赋税名目繁多，如通行税、过境税、桥梁税、河流税等等，且经过不同贵族领地时会重复征收，详情请参阅《剑桥欧洲经济史》第3~4卷。——译者注

过上述措施来聚集财富和军需品,这不仅不是浪费,而且还可以为国防和抵御入侵或避开敌人作好更充分的准备。

所有这些繁重的赋税对人民幸福的伤害,并不像一般人想象得那么大。因为穷人的食物和穿着虽然会因为消费税而变贵,但是他们劳动的价格也一定会按比例提高,所以这些负担(如果有的话)最终仍然由富人来承担。富人们或者在家闲着,或者至少不是从事这些工作,但他们仍然是有用的。因为他们雇用和消费了大量的穷人的劳动。而且,富人们万一遭遇了失败,使他们耗尽了钱财,那么他们就会立即努力起来,竭尽全力地尽心尽职经营他们的事业,并且还会因此被迫大量减少他们的家臣和奢侈浪费。当品德、财富和技艺都获得提高的时候,难道这不是一个国家的幸事吗?即便国王的所得来自于其臣民的所失,我们也不能说国家就会因此变得贫困。这是因为国王每年都会从他的收入里面拿出一部分钱,做一点对他的人民有利的事情。因此,他征收的这些赋税部分地可以被看作是为公众利益而积累的一部分财产。这其实是先苦后甜的方法。因此,这些赋税是恰当的和有益的。

但这里我们必须承认,最好的东西也可能会变坏,所以这些赋税也可能被滥用,如果它们被国王用于满足自己无节制的享乐，进行一些毫无意义的赏赐甚至浪费的时候，这些行为就会给国家和人民带来巨大的损害。但是这些危险的行为是很少发生的，特别是在上面列举的那些国家里。因为在那里，对公共财富的安排和使用权力是属于多数人的，并且是按多数人的意愿使用这些财富的。就是其他的王国和政府，也都知道这种滥用和浪费的结果是毁灭性的，最终必将导致极度的贫乏和穷困，而贫困又会使当权者征收更重的赋税来弥补其损失，这真是恶性循环。因此，国王们都普遍实行这样一种政策：小心谨慎，不让这些危害发生，不做任何可能导致贵族们的安全感降低的事情，也不放过任何可能增强民心和使臣民更顺从的事情。

但现在在我们结束对眼下的这个观点的讨论之前，我们必须记住，不是所有的事物都是一样的，都有相同的构造。对一个人是治病的灵丹妙药的东西，对另一个人就可能是毒药。我们上面提到的这些国家和其他许多类似的国家，如果没有我们所说的那些特殊的赋税就不能生存。因为它们不能在短时间内聚集充足的财富，保障它们抵御强大的敌人，而这些敌人又可能会随时发动突然袭击，就像前面已经说过的那样。但强大的国王就不一样了，他的领土广大而统一，他的国民众多且忠诚，他的国家在自然和交通上具有得天独厚的优越条件，他的食物储备和战备品充足且完备，他的地理位置使他可以很容易地侵犯他人，但又很难被侵犯，他有良好的港口和强大的海军，他的盟友全都实力强大，他的税收充足，使他能够体面地维护*国家主权及尊严*。除此之外，他每年还有一笔合理数目的财产储备以应付未来可能发生的突发事件。所有这些有利的条件（按顺序排好的），难道还不足以使一个国王有能力抵御任何强大外敌的突然的入侵，而又不用征收额外的重税吗？难道这样一位伟大和公正的国王的富裕且忠诚的臣民，不会为了维护国王的荣誉和他们自己的自由随时准备献出自己的生命和财产，使他能够有序地进行战争部署，直到达成一项令人满意的和平协议为止吗？是的，的确是这样的，不可能有别的结果。因此，一个强大的国王，依靠对其国民财产的保护和臣民对他的爱戴，可以变得更加强大，而无需用只能触怒人民从而不能使人民臣服的不必要的赋税来增进他的财富。

是的，肯定有人会说，我们可能很容易找到一些基督教国家中的伟大的君主的例子，来反驳你上面的说法。那些君王的收入里，除了有我们前面所说到的正常的或经常性的税收和其他收入外，还有大量的收入是来自于其他额外的繁重的苛捐杂税的全部或大部分。我们承认这是真的，而且事实可能比这还严重。因为这些国王还经常出卖他们的官位和法官的职位,这是卑鄙的和邪恶的行为。因为它使有才能的人得不到使用,使无辜的人蒙受冤屈,因此使上帝不高兴,人民受压迫,美德也会从这样一个不幸的国家丧失。那么,我们是不是还可以说,这些事情因为已经做过了就变成合法和合理的呢?全能的主肯定是禁止这种做法的。我们早就知道和确信,这些勒索和苛求并不是用作他们权力的必要防备,而是出于骄傲和贪婪,他们想吃掉别的国家,并且因此来篡夺他人的权力。他们这种恶毒的行为常常被一些公平的或圣洁的伪装所掩饰,希望人们形成错觉,以为他们这么做的目的是为了天主教的信仰,为了教会的传播,为了镇压异教徒,以及其他诸如此类的理由。事实上,他们惟一的目的就是更多地满足他们自己的野心。关于这一点,我没必要在这里再做任何更多的论述了。

第17章 强大的国王是否必须积累财富

在我们论述一个国王在不损害公共利益的基础上每年可以积累的财富的数量之前，应该先考虑一下积累财富这个行为本身是否是必需的。因为在通常的讨论中，我们发现，一些将发财的希望寄托在国王慷慨大方的赏赐上的人认为，对国王来说，积累财富这一行为是卑鄙的，而且是不必要的。在他们看来，伟大的国王的荣誉和安全，不是来自于他们的金钱，而是来自于他们的慷慨大方。同时这些人还以恺撒、亚历山大和其他一些国王为例来证明他们的观点，认为这些国王之所以取得了很多的胜利和战绩，是因为他们厌恶贪婪，而且赏赐下属时十分慷慨，花钱也不缩手缩脚。他们还补充说道，大卫王为他的儿子所罗门储备了大量的钱财，*却只获得了很少的成就*。所罗门王虽然拥有众多的金钱和其他的昂贵的礼物，还有一个安宁统治时期的繁荣的商业，但是他却过着骄奢淫逸的生活，除了动用一笔钱修建了一座寺庙以外，其余的钱都挥霍掉了。于是（他们说），如果一个公正的国王积攒起来的这么多的财富，结果只发挥了这么小的作用，我们还能对别的国王的这种努力期待什么呢？沙达那帕鲁斯王给杀他的敌人留下了一千万英镑，大流士也给杀死他的亚历山大留下了两千万英镑。尼禄本来就很富有，又从他最善良的臣民那里勒索了大笔钱财，但他却给那些卑鄙的阿谀奉承者和一些极其无用的人赠送了超过一千万英镑的财物，最终导致继他之后的加尔白收回了那些馈赠。一个国王如果拥有了大量金钱就会厌恶和平，并且轻视与他的邻邦和同盟国的友谊，这将会使他的国家陷入不仅毫无必要且十分危险的战争中，以至于耗尽全部的钱财，甚至常常导致自己国家的灭亡。这些例子和一些其他的这种类型的各种软弱的论据（在此我从简省略了），如果它们能被正确理解的话，都不是为了反对明智的和有远见的国王以合法的手段积累财富的行为。

首先，看看那些重要人物吧，由于有了国王的大量赏赐的礼物，在花销方面也很大方，他们都已经获得了*最高的荣誉和地位*，其实谁都知道这些钱都是从他们的敌人那里获得的，并非从他们的钱袋中支出的。与此相反，有些不积累钱财反而还无节制地消费、有多少花多少的国王，总有一天会突然陷入贫困和悲惨的境地的。因为没有什么东西比过分慷慨赏赐、为所欲为花钱衰败得更快，所罗门王就是这样的例子。虽然他拥有无数的财富，但这些财富却是通过使他的臣民不堪重负这样一种方式获得的，最终导致人民（由于这个原因）起来反抗他的儿子罗波安，罗波安因此失去了大部分领土。他被他的年轻顾问们严重地误导了。因此，一个不压迫人民并能够维护他自己国家的主权、保卫自己的权力的国王，为了不使自己陷入贫穷、耻辱、被人厌恶和遭遇危险的境地之中，就必须积累财富，生活节俭。我本来还能再举出一些这样的例子作为进一步的论据，但在这里我认为没必要就省略了。

我只想添加一条必须遵循的规则，那就是：当我们所要筹集的财富多于通过现有经常性的税收所能得到的数额时，就应当以平等的原则来处理，避免激起百姓的憎恨，人民从来不会爱戴强迫他们缴纳超出其意愿的贡赋的君主。出于这个目的，成立议会就是政府的一个较好的政策，它可以在国王和他的臣民之间保持一种很好的和谐关系。通过限制贵族毫无顾忌的掠夺，补偿平民百姓所受的伤害，使国王不偏袒任何一方，照顾双方的利益，除此之外，我们想不出还有其他的方法可以更好地维护国家一贯的安宁，以及更加有利于国家和国王的安全了。通过议会，国王因此也有了一个方便的途径，可以通过他人来处理那些遭人妒恨的事情，这会消除人民的怨气，并使国王本人更受人民的爱戴和感激。

第 18 章 一个国王每年积累多少财富才是合适的

前面我们早就指出了国王的正常的和额外的收入，以及有了这些钱之后的种种便利，我们还指出只有在必需和公平的前提下，国王才可以向他的臣民征收额外的赋税。现在我们应当停下来考察一下，每个国王每年可以积累多少财富。这个问题最初看起来的确非常普通和简单，因为如果一个国王每年有两百万英镑的收入，他花掉了一百万英镑，那他为什么不应当存下剩下的那一百万英镑呢？实际上，我必须承认，这个办法在处理私人收入和财产中是很常见的，但是在处理国王的事务中就大不相同了。这是因为，如果某个国家里国王的收入挺高，但国家从中获得的收入却很少，那么国王每年适于积累的财富的准则和比例就要依后者来定。因为如果国王聚集的金钱比他通过对外贸易顺差所获得的钱财还要多，那么对于他的臣民来说，这样的行为简直就是在羊身上**吸血**而不是**剪毛**，而且最终他的臣民们会因为无法生存而起来推翻他。为了使这个道理简单易懂一些，可以举一个例子。假设有一个国家因为有丰富的自然资源和技艺精良的工匠从而很富有，使得它可以通过贸易来获取外国物品供本国使用，而且每年还可以增加二十万英镑的现银收入。接下来再假设国王所有的收入是九十万英镑，同时他的支出只有四十万英镑，于是他每年金库里的金钱，比整个国家通过对外贸易获得的利益还要多三十万英镑。谁还看不出来，在这样一个国家里，所有的钱都将马上流入到国王的钱袋里去，并且由此必定导致农业和手工业都无法继续进行，从而毁灭公共的和私人的财富呢？因此，一个想要积累大量金钱的国王，必须竭尽全力尝试使用所有好的方法去维护和扩大他的对外贸易，因为这是惟一的方法，这不仅能使他达到他自己的目的，而且还能使他的人民富有从而进一步增进他自己的利益。一个国王如果被认为威望高、权势大，那是因为他拥有众多富裕和教养良好的臣民，而不仅仅是由于他的金库里存有很多钱财的缘故。

但在这里我们必然会听到一种反对意见，这种意见可能是考虑到有些小国（我在前面已经提到过），由于它们与那些强大的国家毗邻从而时刻面临着被大国吞并的风险,因此它们被迫向它们的人民收取额外的赋税。它们通过这种方法使自己每年获得非常多的收入,这样才有稳固的经济保障去抵御任何外国的入侵。然而这些小国与外国人之间的贸易,并没有大到这样的程度,即使它们从贸易顺差中获取的收入除了支付必要的开支外,还可以每年将收入的一半积累下来。

这个问题的答案就是,必须仍然以对外贸易的收入作为衡量它们积累财富适宜度的尺度。尽管对外贸易的利润不会每年都很多,然而在一个长期持续的和平时期里,如果经营管理得较好一定会有利可图,长期积攒下来将成为很大一笔钱,既能够应付长时期的防御支付,也可能成为结束战争者扭转战局的关键。国王所有增加的收入也不仅仅严格地被限制为只能是货币,因为还有别的同样必需的和可获利的途径,同样可以使他们变得富有和更具权势,即不断地从他们的年收入中拿出一部分钱用到那些带给他们这些钱的老百姓身上。比如说,雇用臣民制造战船以及附属设备;建筑和维护城堡或要塞;购买(至少)够一年吃的谷物并预先储存在每个省的粮仓里,以备缺粮时期使用。粮食问题每个国家都不能忽视,否则国家就有可能陷入极其危险的境地;设立银行,方便他的臣民更好地开展贸易;维持军人们的薪水，包括上校、上尉、士兵、指挥官、水手和其他的陆军和海军的将士，并用良好的纪律来予以保证；（在各个坚固的要塞仓库里）大量储存火药、硫黄、硝石、子弹、大炮、火枪、剑、长矛、盔甲、马匹和其他各类用于战争的物品。这一切可以让外国人害怕他们，而本国人则热爱他们，尤其是当所有这些物品是由他们的承担了每年赋税负担的人民用本国的原料加工和制造出来的时候。因为（在这种情况下），国王就像人身体里的胃，如果它的消化功能停止了，就不能把营养物质传送给其他器官，它不久就会损坏其他器官，最终也会毁掉自己。

因此，我们已经看到，一个小国家也可能以储存大量的必需供应品的形式积存财富，这也是国王的财富，它和国王的那些金银财宝一样珍贵。因为当急需要的时候，它们必须是已经准备好了的，否则，（在一些地方）一旦发生情况而又不能马上拥有这些物资，那国王很可能就会失去他的国家。因此，我们可以把一个紧急时期买不到急需物资的国王，看成是和没钱买东西的人一样穷。因为尽管*财富被认为是战争的命脉*，然而这样说也是因为它确实供给、统筹和调动了人力、食物和军火，并把它们在需要的时候运输到了需要的地方。如果这些东西在需要的时间里却供应不足，那么我们要这些钱又有何用呢？很多考虑到这一点的治理良好的国家，宁可

第 18 章 一个国王每年积累多少财富才是合适的

平时节俭一点也要把那些供应物品都细心准备好,尤其是威尼斯人的那些粮仓和仓库,以及他们著名的兵工厂。这些建筑物的壮观,海上、陆上使用的军火储备的数量,大批的工人,技艺的精良与多样化,还有国家的秩序,等等,都令人赞叹,它们都是值得国王们观摩和仿效的珍贵的和有价值的东西。因为对于一个没有充足武力储备的国王来说,到需要的时候其供应必备军需品的能力也是不确定的。

第19章 论源自自然财富和人为财富的不同后果

在本书第3章的末尾，我已经论述了一些关于自然财富和人为财富的问题，在那里我们还说明了技艺能在多大程度上增进自然财富。但在这之前我们还需要解决一些细节问题，这样我们才能集中精力深入分析它们对国家所起的各种作用。为了使我们的理论更具说服力，我打算拿意大利和土耳其这两个国家作一番比较来说明问题。其实我们也可以拿任何其他的远地国家作为例证，但我不打算把范围弄得这么大，因为有英国和低地国家的各联合省里的那些事实就足够了，完全可以讲清楚这些道理。那么，就让我们首先简要地从英国说起吧，但我们并不是就事论事，而是要从一般意义上说明英国这一著名国家的各种自然财富，以及它对该国人民的性格和国力的一些主要影响。

英国国土面积广大，美丽而富饶；它的人民英勇善战，海上和陆上的军事实力都很强大；马匹、船只和军火供应都很充足；其地理位置也很易于开展贸易和外敌防御：其许多口岸和港口都是敌人很难侵入进来的，但同时又是本国经营贸易的公民们极为便利的出口通道，英国大量的物资如上等的羊毛、铁、锡、铅、番红花、谷物、食料、兽皮、蜡和其他自然资源，就是经由这些港口源源不断地运往世界各地的；看到上面这一切，我们立刻就会明白英国的确具有称霸世界的实力。因为没有一个国家的先天条件和后天实力能与英国相提并论，有谁能像我们英国那样拥有如此得天独厚的自然条件，其产出物不仅可以充分满足国人在战争或和平时期的衣食需求，而且还可以卖给其他国家，从而每年都获得大量的现金收入，使人民丰衣足食呢？就目前的情况来看，在不考虑苏格兰的前提下，仅英格兰自己的消费数量就已经十分庞大，好在与此同时，我国出口商品的价值也很大，*通常每年*就有二百二十万英镑或更多一点。所以，如果我们不那么爱慕虚荣，不过分追求奢侈和豪华的生活，那么就我们每年非生活必需品（我个人是这么看的）的需求而言，每年有一百五十万英镑就足够了。我所说的非生活必需品，指的是诸如丝织品、糖、香料、水果

第 19 章 论源自自然财富和人为财富的不同后果

和其他此类商品。这样算下来,每年我们还可以节省和积存价值七十万英镑的斯特林金币或其他形式的财富,那么我们的国家就可以很快地富裕起来。遗憾的是,这种丰衣足食的生活,竟使我们的人民*沾染了许多奢侈和浪费的恶习*,不仅浪费了我们的许多资源,而且也不利于我们的其他财富的保护和使用,由此造成了很大的损失,这实在是一件可耻的事情,我们的海洋渔业就是例证。在英格兰、苏格兰和爱尔兰的皇家海域里的渔业,其重要性丝毫不亚于我们向外国销售和输出物资的对外贸易;可是与此同时(由于品行卑劣和游手好闲),我们的人民却有许多在行骗、盗窃、抢劫、被绞死、乞讨、参加黑帮、贫病不堪和死亡。其实这些人完全可以通过从事捕渔业来获得财富,从而得以维持生活并逐渐发家致富,那么国家的财富和力量,尤其是我国海上的力量也会因此得到进一步加强,这样,我们自己和国家的安全就有更好的保障,我们的敌人也会害怕我们。勤劳的荷兰人在这方面所做的一切及其结果,就是一个明显的例证,它充分说明,如果我们再不及时对这一行为加以防范的话,其结果*对我们而言就不仅是莫大的耻辱,而且还是一场灭顶之灾*。这是因为,我们已经抛弃了我们以往所从事的光荣事业和学术研究,贪图于满足感官享受,陶醉于近几年时髦起来的吸烟和喝酒,像个酒肉之徒，成天吞云吐雾，饮酒作乐，直至死亡之神找上门来。前面我们提到的那些荷兰人却已经完全摆脱了这种卑劣的恶习，还继承了我们英勇善战的优良传统，这一传统曾使我们在陆地和海洋上都取得了辉煌的战绩，并且他们还把我们的经验用在他们国家的防御上，虽然现在他们一点感谢的意思都没有，甚至都不愿意承认这一点。让我们把上面说的内容总结一下：抽烟、酗酒、酒宴不断、追求时髦等，我们的时间都浪费在无所事事和享乐上面（这是违背基督教教义的，也是其他国家的风俗所不允许的）了，这种普遍的堕落已经使我们体力衰退，知识贫乏，资财耗尽，勇气丧尽，经济萧条，更使敌人轻视我们。关于这种奢侈浪费我还想多说一点，因为这种行为造成了我国财富的极大浪费，而财富却是本书所要论证的主题。如果我们能将我们的*聪明才智*都运用到我国的*自然禀赋*上，对我国的*自然资源*进行*加工劳动*的话，那我国所拥有的财富，的确将是一切*基督教国家*热衷于讨论的话题，恐怕它们会对我国拥有的财富既羡慕又畏惧了。遗憾的是，我们对自己所拥有的得天独厚的优越条件却根本不关心，这种状态已经使别的民族，尤其是荷兰人，获得了非常重要的利益。因此，下面我要谈谈这一问题。

　　但首先我要谈谈对我国纺织业的看法。虽然纺织业

第19章 论源自自然财富和人为财富的不同后果

为英国提供了最大部分的财富,也为贫民提供了最好的工作机会,可是,让更多的人从事农业和捕渔业,不是照样可以使我国变得更加富裕、安全和获得更多利益吗?为什么要完全依赖纺织业呢?因为在战争时期或者因为别的事情,如果别的国家的君主禁止他的国民在国内使用我国的纺织品的话,那我国恐怕就会立即就会陷入困境,甚至可能产生危险的暴乱。对我国的穷人来说,情况则更是如此,当他们连基本生活都无法维持时,是极易发生暴动的。可是,如果他们被分派到各种不同的岗位上工作的话,那这种困难就不那么容易发生了,而且,这样还可以使更多的人能在战时更好地为祖国(特别是在海洋上)效力。好了,不谈英格兰了,我们说说低地国家的联合省吧。

有时候物产丰富、国力强大的确会使一个民族耽于享乐和不思进取,而贫乏和落后反倒能够开启民智和激发国民的勤奋敬业精神。关于后者,我可以举出许多基督教的国家的例子,这些国家虽然几乎没有什么自然资源可供利用,但是通过勤奋努力地经营对外贸易,他们获得了大量的财富,因而国力也大大增强了。这些国家中最引人注目和最有名的就属低地国家的联合省了。自从它们摆脱了西班牙奴役以来,它们本着人性化的原则来制定和改善自己国家的政策,其进步之大令人震惊。

正因为有了如此巨大的财富和强大的国力,它们才能做到在强敌面前捍卫自己的自由。其实所有这一切,都是它们多年来积极努力地经营对外贸易而得到的。那些联合省由于变成了大多数基督教国家的*军火仓库和商品货栈*,它们的财富、航运、海员、技艺、人口、公共收入与国产税因此提升到一个惊人的高度。我的这些结论又有谁会怀疑呢?如果拿它们现在的情形与隶属于西班牙的时候相比,我们都看不出来那是同一个国家和民族了。因为人人都知道,那些省在西班牙人统治时期,其情形是多么混乱和糟糕,它们的野心也被西班牙人逐渐地削弱。对于与这些联合省毗邻的国家来说,短时期内将这些省再恢复到以前的样子并不是一件难事,如果国家安全需要它们这么做的话。而且,如果西班牙人成为这些低地国家的惟一的主宰的话,它们肯定会这么做。但在这里我们并不是要说明达成这个改变的方法,而是要找寻荷兰人致富和强大的主要原因。因为这看起来似乎是一个奇迹:一个这么小的国家,我们最好的两个郡的面积都比它大,也没有什么自然财富、食物、木材或其他在战争或和平时期所需要的军火,可现在它竟然全部都有了,且拥有量十分巨大,多到除了满足自己的需求外(它们自己的需求量已经非常庞大了)还有剩余。实际上,它们已经把这些剩余物资如船、大炮、绳子、谷

第 19 章 论源自自然财富和人为财富的不同后果

物、子弹以及其他各种货物卖给其他国家了,这些货物都是它们勤奋的商人在对外贸易中千辛万苦地从世界各地弄来的。在这一过程中,它们一方面尽力阻碍他人(特别是英国人)开展贸易,另一方面则是千方百计地经营好自己的生意。为了达到这一目的或者走得更远(比如它们和西班牙的战争),它们全力强化了荷兰惟一的经济基础——捕渔业,而这只不过是承蒙我国国王陛下的恩准,*允许它们在我国陛下的领海里任其捕鱼而已*。但这一恩赐实际上是对我国海上和陆上的财富和资源的极大浪费,就像*罗伯特·希区柯克和托别斯先生*以及其他几个人出版的小册子里所指出的那样。对于捕渔业的价值,*联合省的政府在其宣言中指出,伟大的渔业和鲱鱼捕捞业是联合省最重要的行业,也是联合省的重要金矿。因为千千万万个商店、家庭、工匠、生意和职业是靠它来推动、维持并繁荣起来的。特别是航海业,无论在国内或是国外,它都是极受重视的行业。而且,与货币收入的大量增加相伴随的,是这些省的财产、护航费、关税和其他收入的增加。*联合省的政府为了保护捕渔业,在这个宣言中接下来还有大段的文字继续详细地阐述这一问题。如果没有捕渔业,联合省独立自主的权力是不可能长期维持下去的,这是明摆着的事情。因为如果这个基础消失了,那它们在海上和陆上的权威和利润全部都会下降并沦落他人之手。你可以想象得到，一旦捕渔业没有了，所有与航海以及运输相关的行业立刻就会衰落下去，那么，收入和关税就会变得很少。由于生活必需品的缺乏，其人口数量也会下降，这必定会导致国内消费税收入的减少，它们与*东印度群岛*和其他地区的所有贸易肯定也就危在旦夕了。所以，尼德兰人的荣耀和权威得自于我们*皇帝陛下的领海里的鲱鱼和鳕鱼*。因此，现在我们想知道，他们这么做的权利和理由是什么；还有，在与其他国家的争夺过程中，他们是如何获得和保持这一切的。

其实，要回答这两个问题并不难。首先，并不是尼德兰人在他们乱糟糟的文献里把这些地区写成"公海"，他们就有在我们国家的领海捕鱼的权利。因为除了有正当的理由以外，我还可以举出许多其他的国家来作为例证，我只能说，这种权利只能靠刀剑来决定，而不是靠谈判来决定的。我打心眼里确信鱼儿可以想去哪儿就去哪儿，可是，没有我们国王陛下的许可，荷兰人是不能在我们的海域里捕鱼并将这些鱼带走的，我就是这么看的。*让尼德兰人在我们的领海里随意捕鱼，这或许是一个好的计谋，因为这样他们就会和英国结成稳定的联盟，从而让他们与西班牙人作战*。但是，如果出现了我们前面所说的那种情况，即西班牙人是联合省的主宰的话，

第 19 章　论源自自然财富和人为财富的不同后果

那么这些省就会非常关注它们自己的权利，而且会尽力利用这种权利来加强它们的财富和实力，以抵御强敌，就像尼德兰人现在所做的那样，进而因此完全达到这一目的。仅就这一点而言，他们也不得不承认，他们与英国的结盟比与其他任何国家的结盟都更为重要。因为没有任何一个国家有英国这么好的条件，能给他们提供这么强有力的支持。同时，西班牙人也不可能（如果他们再度拥有那些省的话）再凭借金钱的力量在这一地区重建新的基础，并以此来扩张他们在海上及陆地上的实力，利用这些省又归属于他们这一条件，西班牙人就可以对其他国家进行比现在更强的挑衅了。因为，不是那块地方而是它的工作机会，不是那块贫瘠的土地而是油水丰厚的捕渔业，构成了这一地区的基石，使贸易、各式船只组成的船队、各种手艺和人口得以维持和发展，而这正是国内消费税和其他公共收入持续增加的原因。如果没有这种工作机会，上述所有的一切必定会在极短的时间之内解体和失去作用。因为虽然我承认，货币的积累可以带给他们原料（那正是他们所需要的），工匠们也可以替他们建造船只，可是那些待运的货物和维持他们生计的东西在哪里呢？如果钱是他们在贸易中惟一可以输出的东西的话，那他们能用几条船呢？恐怕区区几条就足够了。不然，如果为了不可预料的战争而必须保持这么多船只的话，那么得再有一个美洲新大陆才行，否则银子从何而来？因为，与荷兰人在捕渔业和与该行业相关的其他行业所雇用的大量船只和人员相比，其他行业使用的船只和人员连他们的十分之一都达不到。但是，也许有人还会说，假如由西班牙人统治这些低地国家，那么就不需要支出这笔战争费用，他们也许会因此与我们争夺霸权而发生争斗了。我的回答是：当国王们派遣大军到国外去侵略别的国家时，他们必须同时增加他们在国内的开支和军事力量，这样才能使他们在外征战时保持后方的稳定。这个思路也适合于我们对西班牙的分析，这就是：如果西班牙人对这些国家有任何野心的话，他们就必须为海上作战而花费大量的金钱，那么他们可用于陆上战争的金钱和士兵就会大大降低，将远远达不到他们在低地国的投入水平。即便如此，如果我国通过捕渔业的发展（关于这一点，我在后面还会找机会阐述），使我国在海上和陆地上的军事实力以及财富都大为提高的时候，我们还是应该关注他们的动向，并做好随时应战的准备。在这里我只想再多说一点，那就是：如果尼德兰地区只受西班牙人控制，西班牙人一定会利用他们通过海路经营大宗商品贸易，以满足那些地区对普通商品的需求。而如果是在战争时期，我们就有办法每天从他们手中抢得大量财物。现在的情形时，西班牙人

第 19 章　论源自自然财富和人为财富的不同后果

几乎没有什么海上贸易，却使用大量的金钱来制造许多战船，有了这些战船他们就可以大肆劫掠别人的财富，使我们不断损失大量的物资和财富。

现在谈一谈第二个问题，那就是*荷兰人是否具有与其他国家对抗的实力，从而保住目前他在渔业上的权利和利益*。我认为很可能出现的情形将会是这样的：虽然现在荷兰人只主张他们自己在海上有自由捕鱼的权利，好像所有其他的人也都有相同的权利似的，可一旦任何其他国家试图在捕渔业上与他们一争高下或取而代之的话，那他们就会奋力反抗以保住他们的这个金矿，而且他们早就做好了这方面的准备，以抵抗除英国之外的任何其他国家的哪怕是最强大的敌人的攻击。因为对于荷兰人的捕渔业而言，英国的港口和内陆及它所提供的日常补给，即使不是绝对必要的，至少也是极其有利的。况且一旦出现前面提到过的非常时期这一紧急状况，以英国的海上实力，完全能够（在短时间之内）给荷兰人的捕渔业以毁灭性的打击。如果荷兰人在海上和陆地上同时遭遇强敌，那么有谁还敢说，荷兰人因为有雄厚的海上实力就什么都不用怕了呢？我们真正需要关注的问题是：他们的实力是如何获得的。因为任何事物如果根被破坏了，那它上面的枝叶也就会立刻枯萎。因此，当他们已经经由贸易或其他经济活动，使国家的经济和军事实力都得以壮大，而我们却只知按照其现状来估量或计算他们的价值，那就大错而特错了。因为，虽然他们有可能筹到的钱比现在实际拥有的要多得多，可一旦其基础（即在英王陛下的海里捕鱼）出了问题，不能再为他们继续提供经济支持，那么在这场与强敌对抗的战争中，庞大的军费开支必然会使荷兰人的钱很快都被花光。所以我们才说，捕渔业是荷兰的经济基础，是荷兰人幸福和力量的源泉。*联合省*（我们知道）就像一只漂亮的鸟，只不过它的漂亮羽毛都是借来的，如果每只鸟都拿回它的羽毛的话，那么这只鸟最后就没毛了。到目前为止，即便是在最紧要的关头，我们也从未见过荷兰人派出过数量如此众多的战船，而我们英国却不同，我们既有发达的航运事业，又有强大的海军，且二者之间可以互相促进。的确，荷兰人拥有的船只数量惊人，只不过这些船只的质量不怎么好。这些船荷兰人主要是用来捕鱼和运送谷物、食盐等物品的，以满足本国居民对食物的需求。当然这些船只也可用于贸易，比如运送原木、厚板、沥青、大麻、烟草、亚麻、桅杆、绳索和其他军火，他们用这些材料建造了大批的船只。在他们那里，船的重要性相当于犁在英国的重要性一样，他们的船必须不停歇地工作，否则百姓就会挨饿。所以，他们的船一刻也不能停下来，如果没有航运业（如果有必要，我

第 19 章 论源自自然财富和人为财富的不同后果

们就不会这样），一切就都完了。因为他们有大量的人要靠这一行业挣钱养家，等着这点钱来维持每家每天的基本生活，连支撑国家与政府的公共收入也依赖这一行业。实际上，他们的船只既不结实又不适合作战使用，只适合用于能给他们带来财富的捕鱼业和贸易，或者成为他们的海上强敌的战利品，正像他们在丹刻克的一个贫穷的小镇上所发生的情形那样。尽管他们用了大笔的钱来作战争准备，训练了士兵，造了战船，还有强大的护卫舰及其他值得肯定的准备措施，这些预防突发灾祸的准备工作他们从未中断过。可是如果他们遇到的是更为强大的海上敌人，迫使他们不得不增加一倍或两倍的开支的话，那我就非常怀疑他们能坚持多久，特别是当他们赖以为生的捕鱼业受到（来自我们）阻碍时，他们要想设法生存下去，更是难上加难。再加上其他各种情况，我常常感到好奇，为什么荷兰人厚着脸皮吹牛皮的时候，会有那么多的英国人就信以为真了，竟然相信联合省就是我们的炮台、堡垒、城墙、外部工事和其他我说不出来的东西，似乎没有他们我们就不能在西班牙军队面前坚持多久似的。其实我们才是他们幸福的主要源泉，为了战争与和平，为了贸易与财富，为了军队与人民，我们流了鲜血才保护了他们；而他们自己的人民却因此可以去占领美洲新大陆，并且还从我们的手里收获了丰盛

的贸易果实。这种贸易，如果是属于我们自己的（因为我们有权利和实力去这么做），它可以使我国的人口数量得以增加。因为我们有了这一维持人民生活的上佳的致富途径，使我们可以更好地抵抗哪怕是最强大的敌人，同时还可以使很多因为没有更好的生计而不得不到我们这里来的尼德兰人得以生存。如果果真如此的话，我们许多已经荒废了的海港城镇和城堡，就会马上重新修建起来；居住在那里的人们的生活，将会比以前最好的时候还要好。如果这些力量因此而团结起来了，这些城镇和城堡将会准备得更充分、更有把握和更具生机与活力，而不是各自分封割据，互相拖延推诿，并且彼此互相猜疑。所有这些问题都是我们不仅不应该忽略的，并且还应该完全认识到其中的利弊，在必要的时候运用我们的力量（实施干预）。同时，我们要特别注意时刻保持我们的实力，以免上了荷兰人的（在某种合理的借口和金钱的诱惑之下）圈套，就像前一段时间他们在苏格兰所做的那样，居然获得了特许权，让他们得以在奥卡多地理位置优异的刘易斯岛上居住和修筑堡垒。该岛的位置、港口、渔业、土壤条件、面积和其他各种优越的条件，使他们能够（在短时间之内）对这一带的国家发动突然袭击，甚至可以与我们的国王陛下的最强大的军队对抗，以保护他们的捕渔业。同时，他们的船只还可以经由这

第 19 章 论源自自然财富和人为财富的不同后果

里,自由地往返于东西印度群岛、西班牙、海峡群岛一带和其他许多地方,而无需经过我们国家狭窄的海域。要知道,那一片海域可是我国在任何情况下都处于极大有利地位的海域,在那里,我们可以随时去拦截他们的船队,阻止他们获利最为丰厚的贸易,这样就相当于卡住了他们的脖子,随时都可以消灭他们。可见(他们已经完全了解了),比起任何别的国家来,我们对他们有更大的约束力和威胁。无论如何,前面提到的刘易斯岛已经被他们以个人的名义拿走了,在苏格兰的偏远地区发展商业的权力也被他们用一些十分好听的理由获得了。但最终结果却是,当这些事情进展得十分顺利和几近完美之时,这些经济和政治的权力最后都会毫无疑问地掌握在君主和政府手里。我们也都知道,最近他们在东印度群岛获得了大量的财富,还占领了不少的土地,使他们在那里的实力大大提高,这些都是他们以商人的名义和手段获得的,因此他们在那里的行动并未引起别人的注意,在世界上*也没有因此坏了名声*。可是他们一旦达到了*目的*,恐怕结果就会和我国发生某种特殊的联系,因此我们一定要密切注意他们的一举一动,因为他们最崇拜且想步其后尘的人物是智勇双全的马其顿统帅腓力。而腓力的座右铭就是:*凡武力不能取胜的地方,用贿赂和金钱来腐化那些对他有用的人,同样可以取得成功。*

正是由于这种策略的使用，他才得以建立起他的专制政权。当荷兰人发现他们在东印度群岛的各种企图和阴谋都顺利得逞的时候，我们知道，除了也想要建立这样的专制国家之外，他们的目的还能是什么？难道我们看不出来他们自己的国家已经小得容纳不下这样一个人口日益增多的民族了，甚至连船上和海上都住了大批的居民吗？而且，他们的人口还在增加，不知道他们是否可以不用自己亲自打仗，只依靠贸易和技艺，就可以使国家和个人都富裕起来吗？由于这项政策，成千上万的外国人被吸引到了这里当雇佣兵，于是他们来自各种税收的收入也大大增加了，所有的事情安排得如此完美，以至于这些外国士兵们虽然收入不菲，却在当地把钱花了个精光，因此所有的财富仍将留在他们国内，而那些替他们尽了这样多义务的外国人却一分钱也没剩下。

我曾听见一些意大利人对英国的自然力量和财富的睿智而又有价值的评论。他们认为，如果我们能够（哪怕是部分地做到）将欧洲其他一些国家普遍实行的政策运用到英国，而且我们的人民也能像其他欧洲人那样勤奋努力的话，就自然条件和财富而言，英国都是无与伦比的。而且他们非常好奇的就是，为什么我们的种种想法和猜疑只是集中在西班牙和法国的强大上，而从未怀疑过尼德兰人，反而常常将他们当作是最好的朋友和盟

第 19 章　论源自自然财富和人为财富的不同后果

友。而事实上（正像他们所仔细观察的那样），在所有基督教国家的人民中，尼德兰人对我们的海军和国内国外的贸易的破坏、损害和争夺是最厉害的。这些不仅发生在我国领海里繁荣的渔业（我已经加以叙述了）上，而且发生在我们国内城市与城市间的贸易上，发生在我国的丝织业、毛纺业和其他英国的工业制成品上面。可是在工艺方面，他们却从未给我们提供过工作或学习的机会，他们（按照住在土耳其和基督教各国的犹太人的风俗）只和本民族的人聚居在一起。所以我们确实可以这样看荷兰人：虽然他们生活在我们中间，但即使他们是在我们英国出生和长大的，也仍然不是我们中的一员。因为他们身上连一滴英国人的血也没有，所以他们终归是荷兰人。

关于这些尼德兰人的骄傲和野心及所做的一切，我还想再多说几句。如果没人阻止他们的话，他们的愿望很可能是想在将来可以变得更强大。而且我们要多地谈论一下他们的某些行为，这就是：在流血牺牲、贸易和利益等其他事情上，当他们处于有利的地位和有能力来做的时候，他们的所作所为只能用残忍、不公正、暴行来形容，而且他们实施这一行为的对象还是他们最好的朋友——英国人，好在这些事情都早已经公开和广为世人所知了。因此，在这里我想作一个总结，这就是：联合省现在带给西班牙人的即使不是威胁，也是一个很大的麻烦，而在这之前它们充其量只是西班牙人的一个负担而已。联合省如果还是属于西班牙人，这种情形很可能会继续下去。这中间的道理本来我要多说一说的，但由于篇幅的限制，这一话题只能到此为止了。接下来要说的是*自然财富和人为财富*所产生的不同结果。作为前者的自然财富，虽然是最可贵和最有优势的，因为它总是取之不尽和用之不竭，反而会导致人们不珍惜和不重视甚至滥用。人为财富是靠人的努力而得来的财富，它使人产生警觉心，促进了文学、艺术和政治的发展。因此，我的愿望就是，既然英国拥有丰富的自然财富，也完全能控制和制造人为财富，那么，我们就应该努力将二者有机地结合起来，改掉我们无所事事的不良习性，使这几个著名的王国今后更为荣耀。

第 20 章　论获得作为财富衡量尺度的外贸差额的惯例与方法

前面我们已经反复论证了这一观点，即对外贸易差额才是衡量我们财富多少的真实标准。接下来我们要探讨的问题是，外贸差额究竟该如何计算和由谁来计算，才能使我们的政府可以随时得到这方面的信息，知道我们的外贸这一重要行业是更繁荣还是衰退了。在这一方面，国王陛下的皇家海关官员们是惟一适合的人选。因为他们拥有本国输出和输入的所有商品的账目。尽管（这是实情）他们不能准确地说出商人们自我国购买的货物或从国外运进英国的货物的成本和其他费用，但只要他们查一下关税报表及账册，就能约摸估算出价格来，且结果应该基本令人满意。因为我们做这种估算的目的，只是将它作为计算外贸差额的参考值，因此估算结果只要与实际价格相差不太大就足矣。

因此，先说说出口贸易问题。如果我们已经估算出了出口商品的原始成本，那么下一步就是在此基础上再加上百分之二十五的运费、保险费和商人的获利；至于那些无需向国王陛下缴纳关税的行业比如捕鱼业，这些行业出口货物的价值可以很容易地计算出来，只需用以前我们用过的而且现在还可以继续用的方法就可以了，这个方法就是：根据对这类产品出口数量的变化（增加或减少）趋势的观察，可以估算出总值。就目前的情况来看，我国每年鱼类产品的出口总值大约为十四万英镑，另外还要再加上商人们向国王陛下申请颁发出口贸易执照的所有费用。

其次是进口外国商品的问题。海关账册和报表的惟一用处，就是帮我们掌握商品进口时的数量和价格，但是我们不能按照货物运输到我国以后的价值计算。因为这个价值或价格里除了包含货物在原产地的买价外，还包括了将这些货物装船运到我国的所有费用；另外还有商人的利润、保险费、运输费、关税以及其他各种苛捐杂税等。所有这些支出，虽然使商品的价格提高从而大大增加我们使用和消费这些商品的成本，但这些费用不过是左口袋出右口袋进，外国人在这其中得不到一分钱，所谓肉烂在锅里说的就是这种情况。因此，如果我们要

第 20 章　论获得作为财富衡量尺度的外贸差额的惯例与方法

估算进口货的价格，就应该以这些商品在我国的售价基础上降低百分之二十五才是准确的。虽然对于从低地国家和其他邻近地方来的奢侈品而言，这个数额似乎是大了一些，可是就我国进口商品的总额和其他产自远地国家的货物而言，你就不会觉得减一个百分之二十五的数额是不合理的。就拿胡椒来说吧，在东印度群岛，胡椒的价格加上其他各种费用，也就仅仅合四便士一磅，而在我们这里，胡椒的价格是二十便士一磅。因此，当所有的东西都按平均来计算的时候，估价的方法就应该是我们上面说的那样。正因为如此，我认为，我国在进口货物价格上再加上百分之二十的估价惯例，会使我们在贸易差额的计算上产生很大误差。因为，如果按照这种计算方法，则我们今年从东印度群岛输入我国的一万包胡椒的价值就几乎要值二十五万英镑了。其实，这些胡椒在英国的总值还不到五万英镑。因为虽然我们在这里买胡椒时花了很高的价格，但东印度群岛的人卖给我们东西时的要价并不高。其他所有的费用（就像我们前面所说的那样），只不过是我国国民间的财产转移，以及臣民到国王之间的一种转移罢了，那是不会造成公共财富的损失的。实际上，上面所说的胡椒中，有九千包已经运往世界各地销售，那么这些胡椒和所有其他外来的以及本国的货物，只要它们还要输往国外，且我们打算按

*平均值*来估价，那么就应该按陛下钦定的税率由海关提高百分之二十，或者以我国的情况而言较为理想的数值应该是百分之二十五来算。

再次，必须牢牢记住，一切由外国人输出或输入的商品（在运输上），必须由他们自己来承担一切责任。因为我国从他们输出的货物中所得到的，只不过是货物的原始价格和关税。对于他们所输入的商品，我们必须在扣除了关税和其他税以及各种杂费之后，再按本国的价格进行估算。

最后，我们还必须特别注意，我们在运货出国或回国的途中在海上所受的一切巨大损失，有的损失要从出口货物的价值里扣除，有的损失则要加在进口货物的价值上。不管是损失了的货物还是消费掉的货物，都应该按同一种方法来计算。这好比是，假设英王打算把一大笔钱汇到另一个地方，在那里拿钱就可以买到士兵们所需的衣服、食品等军需品，而无需我们提前预备，那么这笔钱是不能算在出口额里的，而只能加在进口额上。因为这是货币的外流。换句话说，是阻碍了相同数量的货币的流入。这里我们还应记住，宣教士和耶稣会教士们，每年都会在全国各处从反对我们的人那里募集来大量钱财，然后他们又暗地里把这笔钱输送到他们在海外所办的大学和男、女修道院里去。所以很明显，这些钱

第20章 论获得作为财富衡量尺度的外贸差额的惯例与方法

只能是国家的一种损失,除非(出于补偿的目的)别的国王会把这些钱赠给那些仰慕他的我国国民,以换得他们的同情或情报。要知道,有些国家不惜出大价钱来"购买"好的政策建议,这样的金钱显然是一种阴谋。

还有其他一些与外贸差额有关的小问题,由于陛下的海关人员没有注意到因而未被计入。比如旅客的费用,送给大使和外国人的礼物,走私进来的货物,外国人在英国由货币的兑换和再兑换所获得的收入,外国人在英国获得的利息收入,外国人给英国人的货物和生命投的保所获得的收益。不过,扣除他们在英国的生活费用之后,这些收入就很少了。当然,住在外国的英国人也会享有与此相同的各种利益,这足以抵偿上述全部的利益,所以这些收入在我国的外贸差额中没有重要作用,可以忽略不计。

第21章 上述关于金银输入与输出的论述所得出的结论

让我们把前面所有已经说过的问题总结一下，那就是如何通过与外国人的贸易往来使国家富裕以及增加国家的财富，这个归纳其实就这么简单：在我国的对外贸易中，我国出口的商品，如果在价值上低于输入我国的外国物品的价值，这个时候我国的货币在兑换中就会被低估；同时，如果情况正好与之相反，那么我国的货币又会被高估，这是一个确定的规则。但是，让商人们的货币兑换维持一个高或低的比率，或相同的比率，或者一起降低吧；让外国的国王们提高或降低他们的铸币的重量或成色标准吧，而且让我们的国王也做同样的事情，或者使铸币的重量成色完全与现在保持一致吧；让外币在我们这里以高于其实际价值的汇率进行流通吧；让我们继续实行限制外国金银的使用法律吧，或者干脆废除这项法律；让货币兑换商们为所欲为吧；让国王使劲压迫，律师使劲敲诈，放高利贷的人使劲剥削，浪子任意挥霍去吧；最后让商人们带走他们在买卖中要用的所有钱吧。然而所有这些行动，除了上面我说的作用之外，它在贸易过程中不会发挥任何其他的效用。因为如此多的财富被输入或输出某个国家，是由该国对外贸易价值的顺差或逆差所导致的，而且这些是必定如此的，没有任何力量可以阻止这一规律的实现。因此所有其他的办法（不是为了实现这个目的），尽管它们看起来也许能使货币在一段时间内输入某个国家，但是它们（最终）不仅是毫无成果的，而且是有害的：它们就像被冲垮河岸的凶猛洪水，但有时又会突然干涸。

　　让我们认真考虑一下对外贸易的真实情况和价值，它们是：*国王的大量的收入，国家的荣誉，商人的高尚职业，我们培育手艺人的学校，我们所需物品的供应，我们的穷人的就业，我们国家的进步，我们的水手的培育，我们的国家的城墙，我们的财富的源泉，我们的战争的命脉，以及我们的敌人的恐惧。*正是由于这些重要的原因，许多统治得好的国家的确非常支持这些行业，不仅采取多种的政策和措施对这些行业加以保护，而且还动用国家力量来使它们免受任何外来的伤害。因为它们知道,这是国家的一个首要任务和准则——维持和保护那些支持它们的人和它们的事业,就是维护国家及其财产。